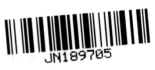

自己と関わりの創造学

セルフスタディの教育研究　第２版

竹村　哲［著］

大学教育出版

まえがき

高度情報化社会にあって今や情報は蔓延し、インターネットを介してさまざまな情報サービスを簡単に利用できることから、我々の多くが便益環境に慢心して情報肥満に陥ってしまっているようである。しかし、これは皮肉にも市民主義社会における個の尊厳を支えるための学びの、特に思惟する、さらに沈考する、そして哲学するといった活動をむしろ逓減《ていげん》するという矛盾を引き起こす要因となっている。このような風潮を依然としてなおざりにしていくようであれば、遠からず我々は、一部の“頭でっかちな人間”と、彼らあるいは彼らの創った偏狭な代替知能を持った機械に振り回される“思考難民”とに二極化されるのではないかという、まるでSF（空想科学小説）に描かれるかのような懸念を抱かざるを得ない。

今日、教師に課せられた最も重要な使命とは、未来の“学識ある市民”を育てることである。ただし、学識は決して知識のみを意味しているのではなく、技術力を安易に指しているものでもない。むしろそれらを活かしてわかるという認識力、回答の創造力、さらに自らの経験を踏まえて価値判断できる見識力までをも含意しているのである[1)]。

そのために、まず学生は、現実世界における遮ることのできない情報と、抑えることのできない夢中心と、止めることのできない他者との関わりから、自らの手で回答を突き詰めながら掴みとるという主体的学びの態度を醸成しなければならない。そして教師を含めた全ての先達は、共生社会の一員として後進のこのような学びの自立を後押しする大切な役割を担わなければならない。ただ体系的知識を切り売りするごとく教えるのではなく、自らも学び蓄えた知見を後進の糧となるようアレンジし、バトンリレーするごとく関わっていかなければならないと思う[2)]。

本書は、このような動機から従事したセルフスタディ（自己研究）に関する教育研究である[3)]。持続可能な開発のためのセルフスタディ（自己研究）の概念、さらに仮説実験モデル[4)]としてソフトシステム方法論を採用した教育開発について述べている。

本書は3部構成となっている。具体的に第1部では、持続可能な開発のための学びの捉え方、経験科学教育のスタイル論、そして教師・学習者像を提唱している。第2部と第3部では、筆者自身の自己と組織に関するセルフスタディ研究の歩みと教育への応用について報告している。

なお、実践報告では受講生の回答や科目履修後における感想をほぼそのまま掲載している。筆者自身の自己点検に活かすため、そして将来あるいは現在の同僚のピアレビューに資するためである。また、本文中には、筆者の想いやメッセージなども比較的自由に述べさせていただいた。ご寛容をいただければありがたい。

[注記]

1) このようなスタンスを持つに至ったきっかけは、筆者が大学院進学後の間もない頃に読んだアーネスト・キーンの著作『現象学的心理学』の中の以下の一節との出会いであった。読者も、ぜひ一考していただきたい。

「人間として、私達はいろいろな地平を経験の中へ統合し、何かあればただちにそれを行動にはっきりと表現していける素晴らしい能力を持つ。それだけではない。私達はまた、自分が何をやっているのか、それは何故なのか、どんな結果をもたらすのか、を知ろうとするという、さらに素晴らしい能力をもっている。[ただし私達がそのような能力を持つのは] 私達の文化が**いとも手軽に提供してくれる型にはまった意味**を超えていこうと私達が試みる場合にのみであり、また私達が反省的、批判的な姿勢を取るように自分自身を鍛えることができる場合にのみであり、さらに私達が好奇心に満ちている場合にのみであるのだけれども」(太字は筆者による、以下同じ) [キーン 1989] (p.206)

2) 筆者の教師像そして教育観には、アメリカの教育学者アーネスト・ボイヤーの大学人像が強く影響している。そこで本論に入る前に、筆者の教育研究の動機づけとなったボイヤーの考えについて触れておきたい。

ボイヤーは、我々大学人が緊急に必要とするものは、学者であることの意味についての包括的な見解、すなわち「“知識は、研究や総合や実践や教育を通じて獲得されるものである”という認識である」と指摘している。そして、これに呼応する4つの学びの機能として発見、統合、応用、教育があるとしている。発見は狭い意味での「研究」にほぼ重なるが、それだけでは現代の大学人の責務を果たすことはできず、後の3つの機能、特に教育を強調して次のように述べている。

「偉大な教師は、**知的関わりあいの共通の基盤**を創り出すのである。彼らは、積極的な、受け身的でない学習を刺激し、学生が批判的で創造的な思考者になるように、さらに、そのようにして培われた能力を駆使して、彼らが大学を卒業した後もずっと学び続けるように励ます。さらに言えば、すぐれた教育は、学者としての教授団が学習者でもあるということを意味する。」[ボイヤー 1996] (pp.50-52 より抜粋)

3) FD (Faculty Development) についてはさまざまな捉え方が許されているが、この類の専門家ではない筆者は“FDとは、教育の質を問う活動である”という先達の捉え方を支持している。そして、この定義においてその定量化は馴染みにくい。例えば授業技術については共有するべき要因や基準を設けることはできるが、それを満たしたからと言って、それが良い教育であると思う現場の教師はほとんどいないのではないだろうか。では“良い質の教育”とは何かと自問するならば、僭越ながら、その答えが“失敗に生産的な意味を見いだしうる教育、学びの自立を後押しする教育”ではないかと今は思っている。激変する世界、衰退する日本、今後何が起こるかわからないが大きな変革 (パラダイム転換) が起きるであろうことは予想するに難くはない。ならば成果主義に育った教師にただ素直に従い今の社会風潮に適応する学生を養成することより、むしろ対話によって無明を知らしめ答えのない試練に臨ませることで教師に倣わず対峙できる素養を彼らに託していかなければならないと思っている。ただし、これはあくまでも筆者の私見にすぎないし、当然ながら教科の種類にもより教師それぞれさまざまな考えがあり反論もあろうかと思うが、少なくとも言えることは、学生を想うすべての教師は、FDという概念が外国から導入される以前から、教育という臨床を通じて試行錯誤しながらこのような質観を日々まじめに問い続けているということである。

しかし、残念ながら教師の経験的な学びや教育観をパブリックに共有することはこれまであまりなかったし、むしろパートナーであるという互いの信頼感、そして謙虚さも加わってその必要性もあまり感じてはいなかったと思う。組織としての教育理念についてもそれほど関心を持たないでいた。その結果として近年我々は、政策として一部のFD専門家の正論に従い“あまねく”基準をトップダウン的に設けこれを（第三者に向けた）質として代替させてしまうことを許してしまってきているのではないだろうか。今後その報いとしてある種の落胆とともに臨床で教育を問い続ける教師から易しく自分の知識を切り売りするだけの教員へ、あるいは業績を上げることに専念する研究者へと後退するものが増え、結局学生への教育がより形骸化してしまうことを筆者は恐れている。

そうならないために我々は、大学市民として互いにパートナー（同僚）という自覚とそれを支える文化（価値誘導システム）がまだあるうちにこのような政策によるFDだけに甘んじることなく、**同僚評価を前提とした新しい教育研究**を模索してみてはどうかと考えている。

4）仮説実験授業は、科学のもっとも基本的な概念と原理的な法則を教えるために板倉聖宣が1963年に提唱した方法である［板倉 1971］。科学上のもっとも基礎的一般的な概念・法則を教えて、科学とはどのようなものかということを体験させる内容である。科学の範疇として板倉は、基礎概念が客観的に確立していて、そこで問題にする理論の元になっている法則の真実性が実験的に確立されているような学問体系とされている。本書では、**経験科学教育の方法**としてこの言葉を借用させていただいている。つまり、筆者は第1部において言及するが、セルフスタディ（自己研究）のためには学びの方法論ともいうべき概念が肝要であると考えている。しかしこれは、科学でいうところの客観的に確立された概念ではない。むしろ科学的には客観化できない領域をも扱う先達の叡智を踏まえた筆者の仮説としての概念というべきである。これを疑似体験することで、学習者に対しその有意性の理解を深めることを意図している。フィールドワークなど同類の授業法はあるが、経験科学の方法論的基礎概念を学ぶことを意図したものは筆者の知る限りほとんどないため、現状において仮説実験授業という名称を使わせていただいていることをお断りしておかなければならない。

自己と関わりの創造学　第２版
―セルフスタディの教育研究―

目　次

第1部　持続可能な開発のための提言
—これからの教師と学習者に求められる資質とは—

第2部　自己学習開発の歩み
—「私とは何ぞや」と問う“私”の自己充足的統合とは—

第３部　組織学習開発の歩み
—関わり認識を共有する風土を形成するとは—

補足資料　意味づけするための技術と理論

第1部

持続可能な開発のための提言
―これからの教師と学習者に求められる資質とは―

第1章

人間環境システム学のテーマ

持続可能な開発とは何か。最も広く引用されている環境と開発に関する世界委員会（WCED）によれば「将来の世代が自分のニーズを満たすための能力を損なわないようにしながら、現在のニーズを満たすような開発」である。現在、論点の違いで多彩な言い表し方があり、エリオット［2003］は、その定義が70以上も存在していることを紹介している。本書での捉え方は、「長期にわたって開発することを可能とするパラダイム」である。森林伐採や油田開発などによって、人類はこれまで飛躍的な発展を遂げてきた。しかし、森林の伐採や化石燃料を燃やすことによる環境の破壊と汚染、さらに石油自体の枯渇が間近に迫っているなどの報いを受け、これまでとは異なる開発の枠組み（パラダイム）を模索するために学際的取り組みが迫られているのである。

したがって、持続可能な開発のための教育ESD（Education for Sustainable Development）[1]は自然科学だけでなく、環境、そして人権といった倫理学などが関係する専門領域の教育研究である。近年ではこれを志向する研究科、学科・コース等が全国で開設されてきている[2]。筆者は、現在、富山大学人間発達科学部（旧教育学部）人間環境システム学科に所属しているが、学生に対して「人間環境システム学とは、持続可能な開発のために人間の環境的価値観をシステム思考する学問である」と説明している。

本章では、新しい学問領域であるこの人間環境システム学の立場から、人間環境の課題とは一体何なのか、さらにこれに対しシステム思考するとはどういうことを指すのかについて考えてみたい。

（1） 人間環境（人間の環境的価値観）の課題

環境問題においては、生態学的捉え方（Ecological Concept）と同じように、人間の環境的価値観（Climate of Value System）にも破壊・汚染・アメニティの概念が存在する。破壊とは、人為的に存在価値を非可逆的な形で喪失した状態であり、汚染とは、人為的に存在価値を逓減していく様態を意味し、アメニティとは、望ましい存在価値を拡充していく様態を指す。

戦後における個人主義の偏重と高度成長に伴う生活水準の向上により、“貧しくとも、清くあれ、正しくあれ、そして美しくあれ”といった日本人的な美徳（価値）観は崩壊し、より裕福な生活を求めることが幸せにつながるという認識が、今や我が国では一般化している。また、最近のインターネットやFacebookなどのサイバーソサイエティー（Cyber-Society）の台頭により、コミュニケーションの形態も激変している。これまでの人コミュニケーションという価値通念は変容し、旧来知恵の伝達者の役割を担っていた地域の先人たちは、今やむしろ情報難民として見られることの方が少なくない。一方、モニターという窓口を介してしかうまく自己表現ができない若者は、実際の交わりの中にあっては、他者の自分に対する言動や態度を手がかりとして自分をつかむことができないでいる。常に他者からどう見られているかに気を遣い、結果的には表面的な交わりしかできないといったコミュニケーション不全に陥っている。そして、このことが若者に対する社会的な評価を押し下げてしまっているのである。

長らくGDP世界第２位の先進国であった日本では、1990年代のバブル崩壊を契機に、その成長神話は潰え、まもなく一千兆円の借金を抱えた世界一の高齢化社会へと変貌する。“無縁社会”が2010年新語・流行語大賞の上位に選出されるなど、今やある種の孤立感とともに自己喪失的風土が我が国を席巻しつつあるようにさえ感じられるのである。

これに対して日本的なコミュニティの誇りや美徳という共通の価値観が残っているうちに、これ以上の地域コミュニティ破壊を止める、あるいは無縁社会化を逓減する、さらに人のつながりを復興する動きも芽生えてきている。その象徴が、タイガーマスク現象である。最近タイガーマスクと称して児童養護施設にランドセルを寄贈する現象が日本全土に広がり、そのことが皆を元気にさせた。それは我々日本人の多くが、私的な便益や権利を主張することばかりに執着することよりも、むしろ互いに関心を持ち絆を深めて精神的な交わりをもう一度大切にしたいと願う自らの美徳に目覚め、そのことに合意したからではないだろうか。

ただし、言うまでもなく価値観は、誰かから与えてもらうべきものではない。むしろタイガーマスクを先頭に地域・職域・世代を問わず互いに連携を図りながら培っていくものであり、同時に教育・啓発活動を推進して文化的価値としての醸成をはかるべきものなのである。

アメニティとは、多様な価値観を融合することで新たに創造されるものであり、量的に測定不可能な利害関係者の要求を調整しなければならないという困難さを伴う。少なくとも前者と比べて調和的価値という漠然とした、いわば予定的合意を目標としている点が大きく異なる。

今日、人間環境としての公共財の資源配分は効率よく機能しているとは言えない。環境開発においては税金を用いての極端な受益者と受苦者を生み、その結果公共財でありながら公平性を損なう場合が多く見受けられる。例えば原発施設（NUMOなどの廃棄施設も含む）やダムの建設などのエネルギー政策にこれを垣間見ることができる。戦前戦後、電力エネルギーの供給という大義名分のもと、“集落”という地域社会そのものがダムの下に沈められてしまった。現在でも、さまざまな場面でこのような現象を捉えることがてきる。原発による電力の受益者とリスクを抱える受苦者、安全保障の受益者である国民と基地問題という二次的弊害を受ける沖縄の受苦者などである。そしてこのような差別化に対して、昔ならほとんど起きなかったであろう住民運動に関する報道が数多くの紙面をにぎわせている。以前に比べ人間環境としての私的干渉領域は確実に拡大してきている。その格差認識には、原発問題のように、原発施設を電源立地交付金などで地域を活性化する機会と捉えるか、あるいは単なる日常生活のためのライフラインと受け止めるか、というふうに電源立地地域と都市部には格差（関連性風土格差）が存在する。しかし、それだけでなく立地周辺域の住民の間には放射能漏れ事故への不安に大きな格差（当事者問題認知格差）がある。そして、放射性施設を抱える負担を無抵抗の次世代へ押し付けることの罪悪感を持つ住民も少なからずいる（世代間負担格差）のである。これに対し、どのように地域・認識・世代間の公共性に根ざした運動を模索するべきか、たとえ直接危害が及ばなくても間接的に関わりのある人の割合が大多数であるにもかかわらず、ほとんどが黙認してしまうような関わり風土を変える仕組みをどうするかが〈特に、2011年の東日本巨大地震とそれに伴う福島原発放射能汚染事故によって避難を強いられ、食料や生活必需品さえままならないにもかかわらず互いに助け合い、時に自己犠牲まで払っている原発周辺の被災者と、ほんの一部であるが緊急に必要としないものまでも急いで買おうとする―福島原発からこれまで最大の便益を受けていたはずの―被災地から遠く離れた首都圏の住民の姿を目の当たりにして〉より強く問われているのではないだろうか。

筆者は、この問題状況を、**原発型問題環境**と名づけ、その課題解決を目指した取り組みが必要であると考える。

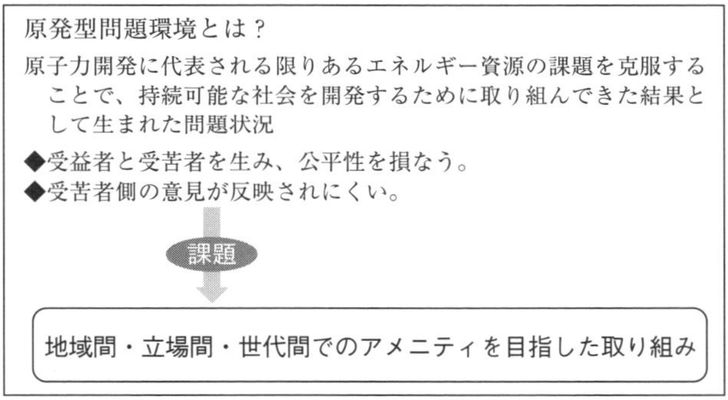
原発型問題環境とは？
原子力開発に代表される限りあるエネルギー資源の課題を克服することで、持続可能な社会を開発するために取り組んできた結果として生まれた問題状況
◆受益者と受苦者を生み、公平性を損なう。
◆受苦者側の意見が反映されにくい。
課題
地域間・立場間・世代間でのアメニティを目指した取り組み

図１　原発型問題環境の課題

（2） システム思考と認知コミュニケーション

システム思考は、もともとシステムズ・アプローチとも呼ばれ、科学的アプローチを補完するために生まれてきたものである。科学的アプローチは、問題を解決するときに慣習的・成り行き的やり方ではなく、筋道を立て、論理的に抜け目なく手順を追って解決を進めるといった意味あいで用いられている。命題の成立条件が、検証することと反証の可能性を担保することであり、必然的に対象に対する扱い方としては、要素に還元して再構成するというアプローチが主流となっている。これに相当するシステムズ・アプローチはシステマティック・システムズ・アプローチと呼ばれる。もう一方のシステムズ・アプローチであるシステミック・システムズ・アプローチは、その重きを対象を自身も含めての関係性から捉えるという点に置いている。これらの特徴的な違いは、前者が、クローズな世界すなわち実験室の中で対象を操作しようとしているのに対して、後者はオープンな世界―さまざまな因縁が巡り混ざり合う衆縁《しゅえん》和合《わごう》の中―にあって対象を現実の世界と思考の世界とを往復することで扱おうとしている点にある。そのために、システミック・システムズ・アプローチでは、オブザーバー（客観的な観察者）としてだけではなく、同時にインサイダー（主観的な当事者）として、対象への関わりの意味づけを任意の切り口から行う。

そして、人間環境におけるアメニティ問題を扱おうとする時、システミックなアプローチが必要であるというのが筆者の考えである。ただし、この同意を図るためには、システミック・システムズ・アプローチで求められる学びとコミュニケーションに関する概念理解を促さなければならない。そこで前者に関しては、第２章以降において持論を展開することとし、以下ではコミュニケーションに関する考えをまず説明したい。

筆者は、コミュニケーションを表１に示すように分類できると考えている。具体的には、感動コミュニケーション、すなわち音楽や遊びを通じて感情移入し一体感を分かち合うことである。そして知識コミュニケーションである。これは、言葉（用法）や情報技術、例えば英語やICTなどによって情報交換することで互いの役割を分かち合うことである。最後が、**認知コミュニケーション**である。これは、わかろうとする性（サガ）に呼応している。問題を我々の対象に対する認識の違いとして捉え、それぞれの認識を対話を通じて深化・統合することである。知識コミュニケーションとの違いは、知識コミュニケーションでは、得られ

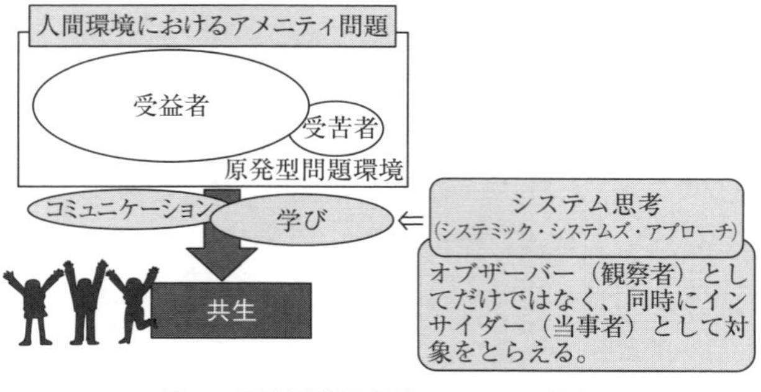

図２　原発型問題環境とシステム思考

表1　コミュニケーションの分類

主な性（サガ）	環境エンリッチメント	手段	例
感性	感情移入し 共鳴しあう場	感動コミュニケーション	遊び・音楽
知性	情報交換し 役割を分かちあう場	知識コミュニケーション	言語・ICT
悟性	自己投入し わかりあう場	認知コミュニケーション	対話

た情報を当事者の役割にどう活かすかが問題であるのに対して、認知コミュニケーションは、役割取得以前の対象に対する個々の意識する心（による認識）をどうするかを問題にしている点である。ただしそこには、誤解や勘違いといった多層認知コミュニケーション［村田 1988］の落とし穴があり、これが最大の制約となっている[3)]。

［主な出典］

1. 学びあいの教育概念とデザイン方略、日本創造学会論文誌、第14巻（2011年）

［注記］

1）　国連は、我が国の提唱に基づいて、2005（平成17）年から2014（平成26）年までの10年間を「国連持続発展教育（ESD）の10年（以下、「ESDの10年」という）」と定め、ユネスコが中心となって、各国の指針となる国際実施計画を策定した。…〈中略〉…我が国においては、「ESDの10年」関係省庁連絡会議により、2006（平成18）年3月に国内実施計画が策定され、ESDの目指すべきを、「地球的視野で考え、様々な課題を自らの問題として捉え、身近なところから取り組み、持続可能な社会づくりの担い手となる」よう個々人を育成し、意識と行動を変革することとしている。また、人格の発達や、自律心、判断力、責任感などの人間性を育むという観点、個々人が他人、社会、自然環境との関係性の中で生きており、「関わり」、「つながり」を尊重できる個人を育むという観点が必要であるとしている。
（http://www.mext.go.jp/unesco/002/004/1263035.htm）より抜粋

2）　名古屋大学大学院国際開発研究科北村友人准教授のアンケート調査報告では、ESDを全学的組織として実施している学部は11で大学院は12あることがわかっている（文部科学省「国際協力イニシアティブ」2008年度教育協力拠点形成事業第2回国内報告会より）。

3）　2010年9月の中国漁船による公務執行妨害事件を機に、尖閣諸島の所有権の絡んだ日中間、特に一部の国民をも巻き込んだ対立が広がりつつある。これを受けて菅首相（当時）は、「尖閣諸島は我が国固有の領土であり、両国に問題は存在しない」と表明している。しかし、本当に問題は存在しないのであろうか。「そうではないのではないか」と多くの人が直感的に感じている。多くの国民は、尖閣諸島の所有認識の違いに問題があると認識している。しかし「両者に問題は存在しない」と明言することは、自らの対象の捉え方を指すだけでなく相手の対象のそれもが存在しないと言っていることなのである。つまり、このような言い回しは、一方的な解釈を押し付け、不同意を否認することで本当のコミュニケーションを先送りしているのである。なお、多層認知コミュニケーションについては、『問題を科学する ― システム分析と発想の視点 ― 』（海文堂出版、2000）の第2章第2節において解説をしているので参照願いたい。

第2章

経験的学び

（1） 学識階層

我々が持つ大なり小なりの目標は、自己充足の関心事である。関心は、欲求が、生理的満足・安全と安定・所属と愛情・承認と自尊心・自己実現へと移行する［マズロー 1987］ことに呼応する。そして、これに伴い学識も変遷する。“学識”とは何か。筆者の考えを図3に示す。最初の学識は、言葉、厳密には言語である。これを学ぶことで、我々は知識を身につけることができる。それは、他者からであったり書物からであったりする。数学の方程式や、化学で用いる反応式などは記号と式からなる言語を用いて表現した論理であり、法則である。このように、言語によって論理が形成される。さらに、例えば、論理をアルゴリズム化することでコンピュータによって再現的にかつ応用できる道具としてのシステムや技術が生まれる。そして、それをどう活かすかという方法が考案される。さら

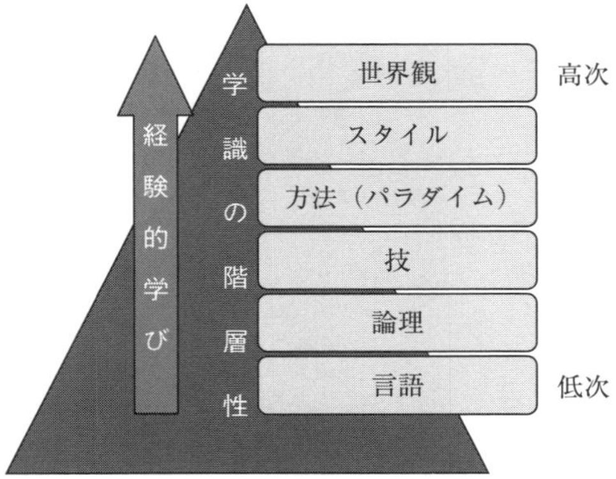

図3 学識の階層と経験的学び
（下位の学識は上位の学識の手段に転じる）

にそれらは、融合して枠組み（パラダイム）として捉えるようになる。したがって、学識とはいわゆる知識だけではない。そのわかり方、さらにわかり方の考え方をも孕んでいる。そして、それらの延長には、いわゆる学びの本質的なスタイルを問い、そこから幸福、人生、そして「私」についての世界観が展開されるのである。

（2）学　ぶ

どんな事象も私に意識されて初めて意味を持つ。誰にも意識化されることのない事物は私には何の意味も持たない。　フッサール

人がある状況を認知する仕方は、彼の発達史の関数である。　バウアー

人は、問い、考え、わかり、これを活かすという問題解決プロセスを踏む。**学ぶ**とは、これら一連の経験を内面に堆積し新しい観念に統合することである。

経験的学びとは、現前の現象（コト）を解釈し、既往の（自己が有する）観念から新しい観念へと統合するプロセスである[4)]（図4参照）。経験も経験的学びも共にその自覚は、後追いでやってくるが、前者では事実の感慨にとどまるのに対し、後者は現象の意味づけを再認できる点で異なる。

問うとは、「現前の現象（コト）と既往の観念との不適応、すなわち違和感の存在を宣言すること」である。**考える**とは、それを解消するためにまず現象（コ

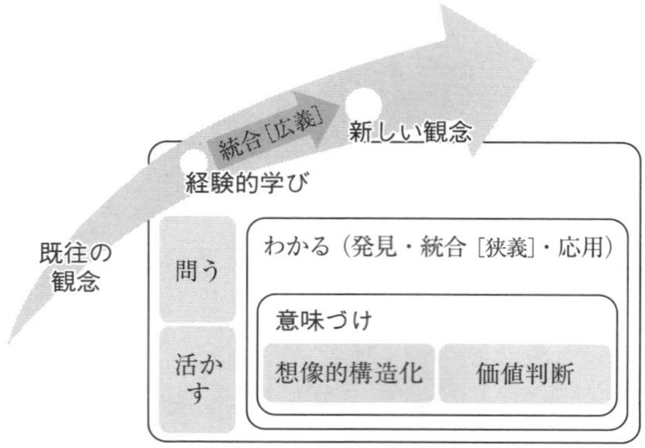

図4　経験的学びの基本的概念

ト）をわかろうとする行為である。**わかる**とは、現象としてのコトから認識としてのモノへの変換である。さらに言及すれば、**認識**とは、現象（コト）に対する意味づけ、すなわち想像的構造化[5)]し、価値判断したモノである。そして、その内実が発見・統合［狭義］・応用なのである。

発見とは、「こういう見方もあったんだ」という具合に、仮説としての新規的意味づけを了解することである。**統合**とは、「今まで疑問に思っていたことはつまりこういうことを意味しているんだ」という場合のように仮説を既往の観念に有意づけることをいう。**応用**とは、「このアイデアは、こういう風に使えそうだ」というように仮説を現実世界へ適用することである。

しかし、我々は知らないうちに生得的な認知的節約が原因となり、わかる行為の落とし穴に陥ってしまうことは日常的には少なくない。例えば、「あいつは、あんなバカなコトをして笑いモノになったよ」というような言葉を比較的頻繁に用いる。笑いの出来事は、まず再現することはない。そこで、笑いモノとして、その現象（コト）自体ではなく、むしろ象徴としての彼（モノ）に置き換えが発生したのである。また、安易に“〜のようなモノ”をそのままなおざりにしてしまうこともこれに該当する。例えば、「ここにお参りすれば、ご利益があると言われている」というような話をよく耳にするが、我々の多くは、お参り（コト）と利益（モノ）との因果関係には疑問を持つことなく（あるいは、ないフリをして）同じ行動をとっている。そして、モノに執着し、コトを軽視する傾向がある。例えば、仕事とは、事（コト）に仕えることである。仕事から得られるものは、一般には報酬（モノ）である。とくにお金は、経済的な報酬という共通の意味を有している。会社の上司が部下に「理屈なんかはどうでもいい。求められているのは結果だ。成績をあげろ。手段の良し悪しは結果が正当化してくれる」と叱咤している場面をTVドキュメンタリーで観たことがあるが、我々の多くは、この言葉に対して違和感を持たない（ようにしている）のである。つまり、現在の社会は、どのようにコトを捉えどのように扱ったかという過程よりも、成績とそれに伴う金（モノ）が大切なのである。これを示唆する興味深い番組があった。テレビ朝日系の「芸能人格付けチェック」という番組は、芸能人に対して共にマスキングした安物と高価な物を比べさせて、後者を引き当てれば高級品のわかる一流人であると格付けするというものである。例えば、3,000円と100万円のワインを飲み比べて高いほうを当てようとプライドを競いあう。あくまでも遊びごとに興じているのではあるが、暗黙知として、味覚の嗜好までも誰かによって定められた価格と連動して格付けされることの了解がなされているようで、違和感をおぼえるのである。

これに対し、例えば、ヒマラヤ密教では、修業僧はマンダラを砂文様で作り上げることのみに専従し2、3カ月を費やし、そして、文様（モノ）ができ上がった直後にこれを打ち壊すという。これは、モノにとらわれないというこの宗教特有の文化を表していると思う。概して聖人の話は、語り継がれ、伝説そして神話になり、時に教典（モノ）となる。そこには、主に聖人が何をしたかが、そしてどう言ったかなどのことが記述されている。代々の聖職者の役割とは、それから愛や善などの意味づけを行うことである。本当の信仰とは、聖職者の意味づけに合意し、これを共有する文化（価値誘導システム）とも言えよう。少なくとも目先の利益に心を奪われ意味づけすることの意義を失念してしまっている我々とは明らかに異なるのである[6)]。

（3）学びあう

学びの契機であるコトをもたらすもの、またつくりモノを活かす相手とは主として他者である。

谷［2002］は、次のように述べている。「フッサールが好んだ言葉が2つある。ひとつは「自分自身で考える人」(Selbstdenker）という言葉であり、この言葉で、フッサールは自分が尊敬する哲学者を称賛した。もうひとつは「ともに哲学する」(Synphilosophein）という言葉であり、この言葉で、フッサールは自分が仲間だと思う人々に呼びかけた。「自分自身で…」と「ともに…」という2つの言葉は、一見すると、互いに矛盾するように思われるかもしれない。ところが、そうではない。…」

なぜか。筆者が思うに、それは、自分の世界観は、人との関わりを通じてしか知ることができないからである。絵はキャンバスがなければ描けないように、自分自身で考えたことは、ともに考える相手がいなければ本当にわかることができない。相手が違えば自分の考えも違って映る。ゆえに、自分自身で考える自分にとって相手としてふさわしいともに哲学する人も、自分自身で考える人でなけれ

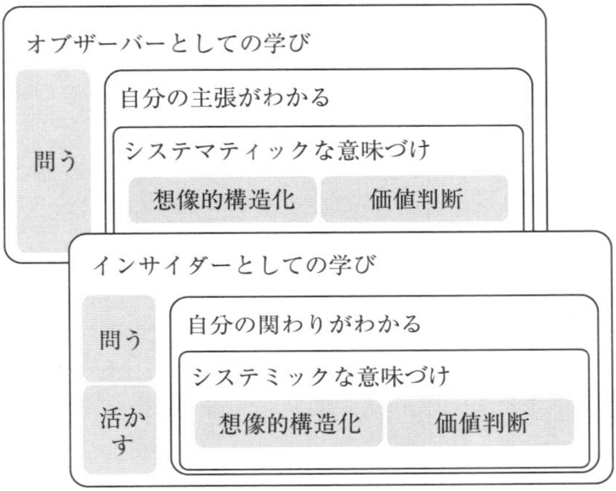

図5　学びあいにおける学びの変容

ばいけない。学びは、他者との関わりに強く影響されるのである。

筆者は、**学びあい**を次のように定義する。「学びあいは、他者であるチーム・グループ・組織の問題をシステマティックに解明するために、オブザーバーとして学び、さらに他者の中のインサイダーとして複雑な現象のシステミシティを学び、関わりを変容させることである（図5参照）。」

[主な出典]

1. 学びあいの教育概念とデザイン方略、日本創造学会論文誌、第14巻（2011年）

[注記]

4）　図4には、統合に関する狭義と広義の捉え方がある。前者は、現前の現象に対し既往の理論や仮説を弁証法的にまとめ上げながら有意づけるいわば主体的な統合であり、後者は、効用の逓減期間をおいて、否定（逆説）も含めた経験的学び（あるいは経験）を概念や信念に受け入れるという受容的な統合である。

5）　想像的構造という用語は、ジョンソン［1991］が以下の文脈の中で用いたものである。「知識と呼びうるものは、常に文脈に依存したものであることをわれわれは学んだ。…〈中略〉…意味と合理性を十全に説明しようとするなら、われわれが世界を把握するのに用いる理解の構造を、その身体化された想像的構造を中心に捉えなくてはならない。」（16-17頁）

本書では、想像的構造化を支援するために、意味ネットワークの活用を提案している。巻末の補足資料を参照願いたい。

6)　筆者は、高次な学識への変遷には、**創造力**が要となると考えている。これは解答する能力よりも回答を学ぶスキルである。換言すれば、さまざまな出来事（コト）に興味を持って自ら知見（モノ）を生もうとすることである。

以前「日本のニュースは、同じことを何回も繰り返している。」と外国人から指摘されたことがあった。そう言われてみれば確かに、日本では、ほとんどのチャンネルではニュースで取り上げられる内容は金太郎飴である。それも何日にもわたって繰り返して聞かされるニュース（新しい出来事）番組もある。異邦人からみれば変に思えても、我々の多くは、あまり気にしていない。むしろ当たり前のようになってしまっている。正解を繰り返し覚えることが学校教育では重視された結果、大人になってもそのスタイルが抜けないでいるのと関係がありそうである。総じて、自ら進んで関心をよせ自らの価値観にしたがって判断する前に、すでに担保された価値観を安直に受け入れ、自らの手で意識的に意味づけしない傾向が我々日本人にあり、それが創造性教育の障害ともなっている。

第3章

経験科学教育のスタイル

セルフスタディ（自己研究）とは、経験科学教育に必要な知的関わりあいの共通の基盤となる学びのスタイルである。これは、自己のバックグラウンドの及ぼす影響を踏まえつつも、仮説実験を通じて自分たちの姿をよりよく理解しようとする方法論的態度によって学びあいを実践することで、新たな自己へと弁証法的に統合するプロセスの循環である（図６参照）。

仮説実験モデルとは、仮説としての学びの方法論である。生活世界の解釈においては、各自が置かれた状況や文脈の中でしか意味を持つことはない。人それぞれによって学びも異なるため、最適解を出すような学びのマニュアルを作ることは不可能である。しかし、前章で述べたように、上位の学識階層として学びの方法論（および基盤スタイル）は存在する。ルールに従わないとゲームが成り立たないように、学びあいを成り立たせるためのルールの了解は必要である。これに相当するものが仮説実験モデルである。

学びあいに際して組織のメンバーは、まるで無色透明な水たまりの中に一滴の赤インクを落とすと水面に波紋がおこりやがて全体が薄く紅づくように、それぞれが自身に備わる経験知や観念の及ぼす影響を省みながら、組織の中の他者に働きかける。この赤インクの象徴するもの、それが現象である。アリストテレス

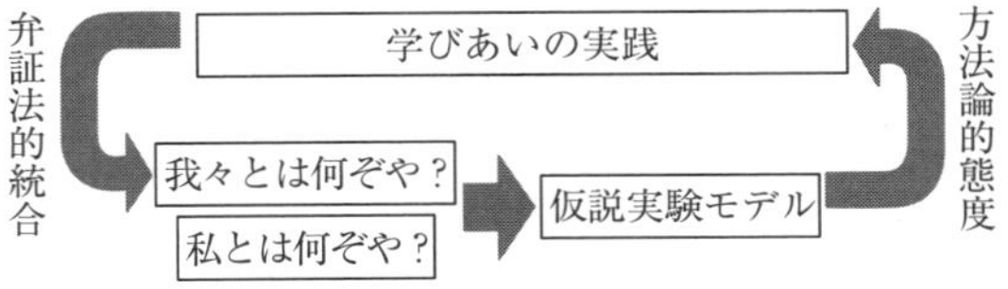

図６　セルフスタディ（自己研究）

は、生活世界の現象には質料因、形相因、動力因と目的因があるとしている。物事が何でできているかが質料因であり、その本質が形相因、さらに運動や変化を引き起こす始源は動力因で、それが目指している終局が目的因であるとしている［アリストテレス 1959］。学びあいの直接の目的は、これらについて対話を通じて明らかにすることである。

弁証法的統合とは、自分たちの真実に迫ることを意味する。その主眼を、そのような個々の学びあいの成果に置くのではなく、むしろ学びあいを積みながらすべてのメンバーの地平（経験的価値判断の広がり）を統合し、組織アイデンティティと同時に自己アイデンティティへと還元することに置く。

セルフスタディ（自己研究）は共生と自治に通じる概念である。共生とは、組織アイデンティティの干渉領域を拡大するための活動である。組織の理念とそれに沿った目的（その下位概念である目標）を定め、仮説実験モデルに従って現状とのギャップを解消する学び方（学習レシピ）を創造して、実践することの合意である。そして仮に学びあいの実践で芳しい成果が得られなかったとしても、寛容にそこから学ぼうとする姿勢の合意でもある。自治とは、自己と仮説実験モデルを創生・改訂するスタイル〈自己研究はその一つである〉の合意とその実践を意味する。これは、共生の経験知をもとにして得られるものである。そして、共生や自治は、学校という就学期間の中での学びを目的とした場、営利を目標としたプロジェクトや企業体、さらには日常生活におけるさまざまな交わりの中にも見いだしうるものである[7)]。

［主な出典］

1. 学びあいの教育概念とデザイン方略、日本創造学会論文誌、第14巻（2011年）

［注記］

7)　ただし、交わりの最小単位である夫婦に関して言及するならば、その自治は、一見簡単なように思えるかもしれない。しかし、婚姻が終生を共に生きることを目的としていることから、死が2人を分かつまでの長きにわたり累積的に学びあいを実践しなければならず、よってそれは決して容易ではない。

第4章

仮説実験モデル

（1） 生活世界における学びの方法

仮説実験モデルとは、もともと真理を実験室での授業を通じてわかるための学習モデルであるが、ここで取り上げる仮説実験モデルとは、真実を生活世界での実践を通じてわかるという経験的学びのモデルを指す。

その代表的なものとしては、以下で説明する川喜田とチェックランドのモデルをあげることができる。

川喜田のモデル（W型累積 KJ 法）［川喜田 1974］

川喜田のモデルの特徴は、プロセスに2つのレベルが存在することである（図7参照）。上のレベル（思考のレベル）は、その人の心で起こっている意識的な活動を意味している。下のレベル（経験のレベル）は、現実の世界で起こっている出来事や活動を意味している。そして以下のステップを通じてこれらを往復

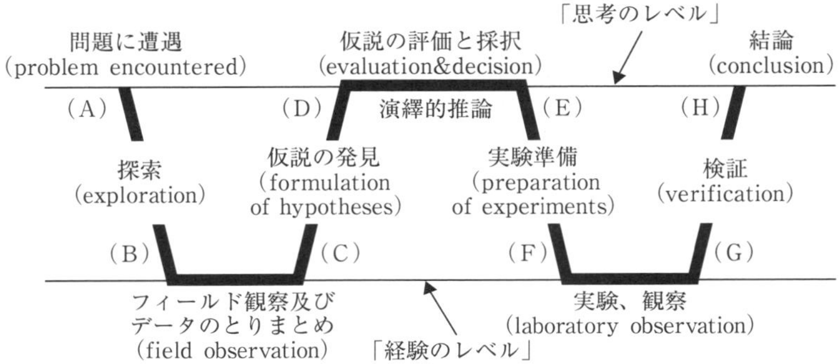

図7 川喜田のモデル

する。

ステップ1（点AとBの間）：フィールド観察を通しての問題状況が探索される。

ステップ2（点BとCの間）：すべての関連したデータ（質料因）がまとめられる。

ステップ3（点CとDの間）：たくさんの仮説（形相因）が発見される。点Dで仮説が評価され採択される。

ステップ4（点DとEの間）：演繹的な推理が行われる。

ステップ5（点EとFの間）：仮説の推論をテストするための実験計画が作成される。

ステップ6（点FとGの間）：実験、観察される。

ステップ7（点GとHの間）：真偽が検証される。（⇒統合段階へ）

チェックランドのモデル（ソフトシステム方法論）[Checkland 1981]

チェックランドのモデルも川喜田のモデルと同様に現実と意識世界を往復するが、前者が以下の7つのステージで成り立っている点で異なる（図8参照）。

ステージ1で、問題意識が生まれる。

ステージ2では可能な限り多くの問題認知が集められ、それを表現に最大限含んだ絵（リッチピクチャー（データ質料））が構成される。この図には情報の静的構造や動的過程とそれらの関係、さらに量的な主張が表されている。

ステージ3では、これをもとに問題状況にある当事者たちの知覚や世界観を反映した根底定義（形相因）が作成される。1つの問題状況は当事者により異なって知覚されるので、リッチピクチャーは複数の根底定義で構成される。これをもとに、その論理的既決を引き出すための基礎となりうる本質的なシステムの名前が帰納的につけられる（仮説の発見）。

ステージ4では、根底定義が概念モデルに変換される。概念モデルは、根底定義によって名づけられたシステムとして行わなければならない活動についての演繹的記述である。概念モデルは、知覚された問題状況を、入力から出力へ変換するという観点から記述される。

ステージ5では、これらのモデルがステージ2で構成したリッチピクチャーと比較され、有意性を検討し（認識の統合）、当事者たちにとって問題状況を

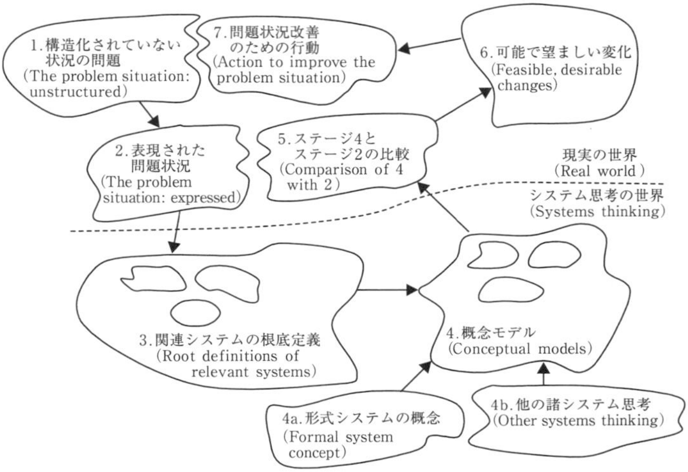

図8　チェックランドのモデル

より改善するビジョンとは何かに関して弁証法的な議論が開始される。

ステージ6では、論理的に望ましく、しかも当事者にとって経験上実現可能な変化を可能とする手続きや方法などの学習レシピが工夫される。

ステージ7では、学習レシピが適用される（活動への応用）。

実際には、その結果として“新たな問題”の状況が生まれ、それに取り組むためのサイクルが再びステージ1から開始される。

以上が、筆者の解するソフトシステム方法論の流れである[8)]。

（2）２つのモデルの教育的効果

以下は、筆者の研究室の学生が教育実習において作成した数学の一次関数の法則の指導案である。

教職希望大学生の指導案の例

<table>
<tr><th>学習内容</th><th>解決への過程</th><th>指導上の留意点</th></tr>
<tr><td>前時の確認</td><td>○ドライアイスがすべる様子を見せ、ともなって変わる二つの数量を確認する。</td><td>・ともなって変わる二つの数量が関数であることを確認する。</td></tr>
<tr><td></td><td colspan="2">ドライアイスが平面をすべるとき、すべり始めてからの時間と距離の間にはどのような関係があるだろうか。</td></tr>
<tr><td>①課題の把握
平面をすべるドライアイスを観察する</td><td>○すべり始めてからの時間を x コマ、進んだ距離を $y$cm とする。

○データを記録させる。</td><td>・前時に確認した関数の定義を振り返ることで、時間と距離をそれぞれ独立変数 x と従属変数 y とおけばよいことに気づかせたい。
・つぶやきの中から誤差を含んだデータを取り上げることで、事象を理想化して比例の関係としてとらえることを意識づけたい。</td></tr>
<tr><td>②課題の追究・解決
表、式、グラフを使って調べる</td><td>【表で考える】
<table>
<tr><td>x</td><td>0</td><td>1</td><td>2</td><td>3</td><td>4</td><td>5</td><td>…</td></tr>
<tr><td>y</td><td>0</td><td>5</td><td>10</td><td>15</td><td>20</td><td>25</td><td>…</td></tr>
</table>
・x の値が増えると、y の値も増える。
・x の値が1増えると、y の値は5増える。
・x の値が2倍、3倍…になると、y の値も2倍、3倍…になる。
・x の値が $\frac{1}{2}$ 倍、$\frac{1}{3}$ 倍…になると、y の値も $\frac{1}{2}$ 倍、$\frac{1}{3}$ 倍…になる。
・y は x に比例している。
・$\frac{y}{x}$ の値は一定（$x=0$ のときをのぞく）</td><td>・すべり始めてからの時間を、コマ数として表していくことを共通理解する。
・表だけではなく、グラフや式を用いて考察していくよう指導する。
・自分なりの方法で調べたことを発表し、お互いに着目した観点や考えを出し合わせることで、関数的な見方や考え方を深めるとともに、表、式、グラフのそれぞれがもつよさを味わわせたい。
・小学校での学習から、グラフに直線を引いて考える生徒がいることが予想されるが、それも一旦認めたうえで、グラフの特徴について考察させていく。</td></tr>
</table>

①課題の定着 ・発展 比例の定義を 理解する	【グラフで考える】 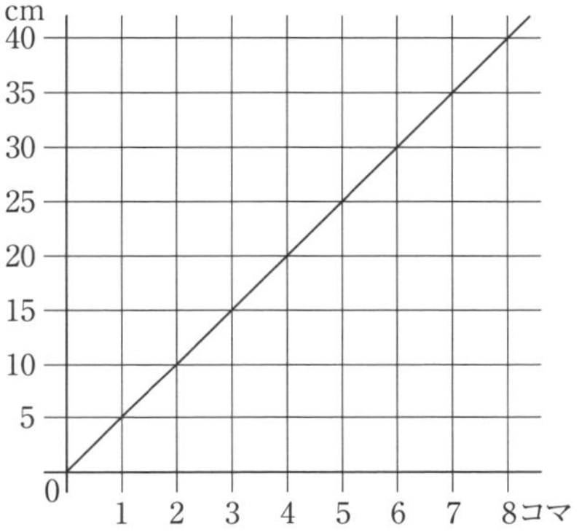 ・直線になりそう。 ・右上がりになっている。 ・0から始まっている。 ・xの値が増えると、yの値も増えている。 【式で表す】 ・5は、1コマ毎に進む距離を表している。 ・$\frac{y}{x}=5$、$x=0$のときをのぞく。 ・$y=5x$と表すことができる。 ・$x=\frac{y}{5}$と表すことができる。	・表やグラフを利用して式が求められることに気づかせたい。 ・これら3つの式は、等式の性質を使うと$y=5x$にまとめられること、等価交換の原理を確認する。
	ともなって変わる2つの変数x、yの関係が、次のような式で表されるとき、yはxに比例するという。 $y=ax$（ただし、aは定数） 一定の数やそれを表す文字を定数という。比例の式のなかの文字aは定数であり、比例定数という。 $x\neq0$のとき、$\frac{y}{x}$の値は一定で、比例定数に等しい。	・学びの態度変容を観る。 ・教え方を点検する。
振り返りカード	○振り返りカードを生徒に書かせる。	

彼は、比例の概念化を図る工夫として、ドライアイスが床をすべる現象をビデオに撮りそれを生徒に見せた。次に、経過時間と移動距離の関係をまとめるために表やグラフを作らせることにした。そのうえで $y=5x$ という仮説命題を発見させようとしたのである。

これは、川喜田のモデルに従った授業展開といえる。問題解決型教育として見た場合、発見させるための工夫はある。またステップ1からステップ7までの経験を踏ませることで科学的問題解決の流れを理解し、他の現象に対しても適用することができる能力もつけさせることは可能と思われる。

しかし、授業中にこんなことがあった。ある生徒が、「ドライアイスをすべらせたら、いずれ止まってしまうのではないか」と質問をしたのである。彼は、想定外の質問に戸惑ったようで、結局その場はあやふやなままになって授業は終わってしまった。これは、科学の仮説実験授業における教師に共通するスタンスと言えるのではないかと思うのだが、形式的な発見 $y=5x$ は、現実的に意味があるのか、あるとすればどういう点であるのかについて、授業の中で深く立ち入ろうとしたがらないのである。

ソフトシステム方法論は、真理よりむしろ真実を問うことで思考上の仮説を現実世界に活かすことを担保するステージを、それ自体に有している。

つまり、川喜田のW型累積KJ法での仮説の結論（H）に相当する段階は、ソフトシステム方法論のステージ5に相当する。これは、観察された現象と仮説命題から構成された概念モデルとの比較段階である。ソフトシステム方法論では検証するのではなく、ステージ5において現実と比較するという行動をとる。そして、社会的に有意性が認められない場合は、改めてステージ2へ戻り、仮説命題をし直すことを勧めるのである（これは、ソフトシステム方法論を含むシステミックなシステムズ・アプローチの大きな特色の1つとしてあげられる)。これを通じて、運動や変化を引き起こす始源すなわち動力因が明らかになると考える。そのうえでステージ6以降では、概念モデルをどう活かすか、すなわち動力因が目指している終局である目的因を究明し、実行可能な形でステージ7において行動するのである。

これを前例にあてはめれば、空気抵抗があるためドライアイスがいずれ止まってしまうこと、そしてドライアイス自体も気化してなくなってしまうため、x の値が有限で空気抵抗と地面摩擦を考慮した$y=5x$とは異なる命題が模索されることを促すのである。

与えられた条件の中で問題を解決するだけでなく、自ら制約を外して課題を探究することが経験科学では求められており、したがって筆者は、経験科学教育における仮説実験モデルとしてソフトシステム方法論を採用している[9]。

[主な出典]

1. 学びあいの教育概念とデザイン方略、日本創造学会論文誌、第14巻（2011年）

[注記]

8)　例えば、友達から新しい料理レシピを考えだした話を聞いたとしよう。あなたは、友人の嬉しそうに話す内容にあいづちを打ちながらメモを取ったとする。そして以下のようにまとめたとする。

1. 私の手料理、どうも彼氏が喜ばないなぁ（ステージ1）
2. 味付けが悪いのかな？なにかいいスパイスはないかな（ステージ2）
〈そう言えば以前母が…うまみに使っていた。〉
3. これを加えてみたらいいかも知れない（ステージ3）
4. このように調合すればうま味効果が出るはずだ（ステージ4）
5. 料理をおいしくするための工夫を考えよう（ステージ5）

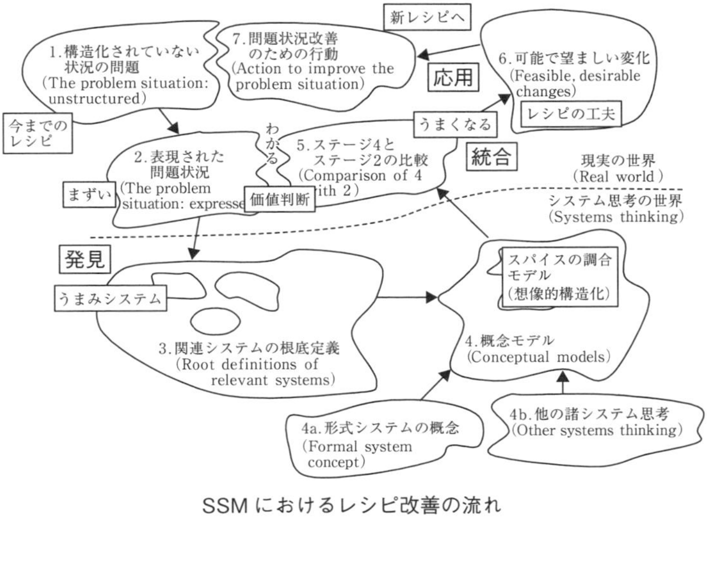

SSMにおけるレシピ改善の流れ

6. 具材も考え直したおいしいレシピの創作（ステージ6）
7. 新レシピでもう一度料理を作ってみましょう（ステージ7）
8. 今度は、少しでも喜んでくれるだろうか？（Next Round）

（喜んでくれた。うれしい！）

この話の展開は、ソフトシステム方法論に従った展開に他ならない。そして、その中に発見・統合・応用が含まれている（前頁図参照）。

9）補足する。我々は、同じ状況にあっても現状の描写は異なる。それが個人の認知スタイルや置かれた状況によって影響されるからである。そして我々は、すぐ解決（改善策）を求めようとしたがるのである。この場合、解決（改善）の目標の議論は、すでに目の前にぶら下がっている解決策と帳尻をあわせる程度のものとなってしまうくらいに軽視されがちである。その結果として、全体的な損失という弊害だけでなく、受益者と受苦者の格差付けという道徳的な思惟性の問題を生むのである。

SSMに準拠した学びあいでの最大の特徴は、すぐに答えを出そうとする欲求を抑えて考えるプロセスを重要視していること、そして目標（とその理念）の、合意をできるだけ辛抱強く図ろうとしている点にあると考えている。

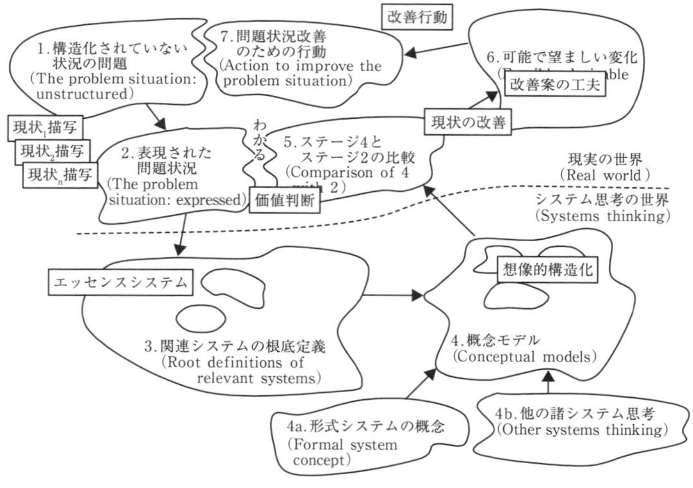

仮説実験モデルSSMの特徴

第5章

創造的教師と学習者モデル

学びあいの促進者とは、学校では教師、社会では組織やプロジェクトのリーダーとなろう。リーダーシップとは、互いの価値観を見いだせるコミュニケーションのスキルである。そして、互いの価値観を見いださせるためには、実は“時間”が不可欠である。この使い方をどうするかがリーダーには、課せられているのである[10)]。

筆者は、教師を志す学生に対し「糠（ヌカ）」という言葉をよく用いる（糠発想は、第2部で述べる感性粘液モデルの意識抗体に由来するものである）。一般に糠は、それ単独では食するものではない。しかし、そこに大根や白菜を漬けておくと、読者もご存知のように、それらは栄養価の高い漬物となる。白菜や大根などの野菜だけではない。魚も上質な食材にすることもできる。同時に糠も食することができるように変質するのである。教師（リーダー）も、あらゆる個性を受け入れ、それらをより付加価値あるものに時間をかけて醸成することができればと考えるのである。つまり筆者の考える学びあいの促進者とは、まず自らの学び観をもって学習者に働きかけ、解答する能力よりも回答を学ぶスキルすなわち創造力を忍耐強く醸成する教師であり、同時に自身の価値変容だけでなく時に喪失の葛藤にも向きあい、学び続ける言わば**創造的教師**である[11)]。

よって、学びあいの当事者には、学習者だけでなく実は促進者役の教師（リーダー）も含まれる。糠床の品質が教師の人格性（第2部1章（2）を参照）に相当し、糠の作用が、コミュニケーションであり、漬物の旨みがすなわち**学習者の資質（コンピテンシ）**である。筆者は、最も重要な資質を**説明責任**と**継続的学習**、そして**自己尊重**への志向性であると考えている。説明責任（Accountability）、継続的学習（Continuous Learning）、自己尊重（Self-Esteem）を説明すると次の

表2　自己開示

感情表出	自分の問題や葛藤を開示することによって感情浄化（カタルシス）を行う。
自己明確化	被開示者の存在によって、客体的自覚状態が高まり、自分の意見や態度の曖昧さを低減させ、一貫性・統合性を求める傾向が高まる。
社会的妥当性	自己開示によって、被開示者からのフィードバックが得られ、自分の意見や権力の妥当性が評価できる。

ようになる。説明責任の段階的過程として、安藤［1980］の自己開示（表2）を利用すれば、感情表出、自己明確化、社会妥当性が存在する。筆者の意図する説明責任は、社会妥当性を担保することである。しかし、この姿勢は文化的にはいまだなじみが薄い。組織を心情的な一体感をもってして捉えてしまう傾向が我々にはある。今日の変化の激しい社会環境におけるほとんどの取り組みでは、成果とほぼ同時に副次的な課題も生み続けている。そして組織と個人の解釈枠組みもつねに推移している。このような循環・推移型の社会環境にあって学習を推し進めるためには、旧来の暗黙かつ一過性の方法は十全でないことは明らかで、継続的学習の資質を培わなければならない。自己尊重とは、自分らしい質感の堆積である。これは、適応することに自己の普遍性を見いだそうとする自律的自我スキルによって齎《もたら》される。しかしながら、最大の学習機会になるはずの“関わりあい”をぞんざいにし、失敗や試練を自分を知る糧にすることや、他者との関わりの中で変わっていく過程に自分らしさを発見することに無頓着な風潮がある。その不用意が、結果として自ら判断しようとせず安易に妥協したり他者の言いなりになったり、些細なことをきっかけに“見下し”や“いじめ”に代表される偏見や差別の当事者として被害を受けたり加害に加担したりするという弊害を生んでいるのである。この原因としては、主に人に宿る防衛機制や同調志向などが挙げられるが、それ以外にも恥を基調とした日本的倫理観も影響している。そして、このことは、残念ながら教師においても同様なのである。むしろ児童生徒の先学でなくてはならないことを鑑みれば、この自己尊重こそが喫緊の醸成課題と言えよう。

[主な出典]

1. 学びあいの教育概念とデザイン方略、日本創造学会論文誌、第14巻（2011年）

[注記]

10)　余談であるが、わが家で大人気の2011年に放映されたNHKの大河ドラマ「江～姫たちの戦国～」では、織田信長、豊臣秀吉、そして徳川家康の人間性が特徴的に演出されている。3人の人柄を表すものとして「鳴かぬなら殺してしまえホトトギス、鳴かぬなら鳴かせてみようホトトギス、鳴かぬなら鳴くまで待とうホトトギス」という例えがあるが、これらの歴史的リーダーでは、信長が恐怖を使いこなし、“人たらし”の異名を持つ秀吉は、それに加え人の動かし方も身につけ、家康にあってはさらに忍耐と付き合いながら時の使い方も身につけていったのではないかという感慨をもっている。

11)　2010年6月に福井大学教職大学院で行われた社会教育学会が中心に推進している社会教育の実践のラウンドテーブルに参加した際、筆者は、田村栄子さんという社会教育主事に出会った。女史は、20年という長きにわたり福井市の荒川の水質調査の活動を展開してこられているのだが、その歩みは、子供会の会長の要望をきっかけに5名の参加者から始まり、子供会の育成会、自転車協会、交通安全協議会、現役の有志教員、保護者へと徐々にその輪を広げ、平成17年度に総合的学習として教育現場に取り入れられ、ついに荒川サミットという恒例イベントになるまで一貫して裏方に徹しながらも推進的役割を担ってこられている。3時間にわたる女史の実践と省察のお話を傾聴したが、その内容は、長年にわたる継続的関わりが自身の経験学びとして統合されてきたことを表していた。なぜそこまで続けることができたのかと質問をしたら、女史は、「人が好き、そして話すことが好きだから」と述べておられた。愛のある対話によって、学びの輪が広がり、人の関わりを深め、態度変容をもたらしていったのであろう。筆者の考える創造的教師のあり方を示してくれているように感じたのであった。

多分、田村さんのような先達は他にも多くおられるであろう。しかし、残念なことに、少なくとも社会教育学会以外の分野ではその役割の重要性があまり認知されていない。

第６章

持続可能な開発のための態度変容

教師が、学びの先達として高次な学識を若い学習者（学生・生徒）に教えることは、２つの理由から難しい。ひとつ目の理由は、学習者には学ぶ意欲はあっても、自ら意味づけすることの意義をいまだ十分には認識していないことである。少なくとも勉強という固定観念にとらわれて、正解の用意されていない話にはあまり興味を示さない。もうひとつの理由は、教師が経験的学びの教育について深く掘り下げていないことである。確かに、この種の教育に意義があると多くの教師が感じてはいる。実際に学外のインターンシップやボランティアをカリキュラムに取り入れるなどして、体験型教育に力を入れている大学も少なくはない。しかし、その一方で教師自身は、教育の当事者としてなぜそれが必要なのか、どう活かせばいいのかについて積極的に立ち入ろうとしない。

その背景として「経験的な学びは非科学的である。その伝搬内容はメッセージであり、それは教育として必ずしもふさわしくないのではないか」という懸念が少なからずあると思う。近代研究者が代々築き上げた科学至上主義という絶対的な権威によって教育観までも支配されてしまうというフォイエルバッハ［桑山1983］のいうところの“疎外”が特に大学教師にはあり、彼らは、学びあいにまで、科学的な成果を強く期待してしまっているきらいがある。学びあいの教育で教師が最も恐れていることは、教師の働きかけがうまくできなければ必ずしも成果が見込めないことである。そこで、第１部最終章では、これまでの検討を踏まえて、経験科学教育におけるこのような閉塞感を打開し、持続可能な開発のための教育に資するために、学生や教師はどのような態度や取り組みを行うことが望ましいのかについて改めて意見を述べる。

（1） 学習者によるバードビューイング的意味づけ

筆者の所属する大学の学部では、「インストラクショナル・デザイン」という科目において、学識経験者の学びをテーマとした話を受講させている。ところでなぜ、学識経験者の話を聴くのであろうか、当事者となって考えてみてほしい。おそらく読者の模範的な回答は、「貴重な教訓を学生の人生に活かすため」というものであろう。しかし、話し手の学びが、そう簡単に聞き手の学びになるであろうか。

受講の後に学生に感想を聞いたら、「面白い話でした」あるいは「感動しました」と言う。また、2009 年当時こんなコメントもあった。「自分は、中学校の数学教師希望なので、小学校の多動性障害児との経験談を聞いてもあまり意味がないと感じました」。彼は、教員採用試験のことで頭の中が一杯で余裕がないのであろう。しかし彼はまだ良い方である。というのも受講に際し彼のような目的意識のある学生はむしろ少ない。多くの学生は、受身で、臨場感のない講師の話し方や、目新しさのない話の内容では興味さえも示してくれないのである。

これでは、講話から学ぶことができるのであろうかと疑問に思ってしまうのである。前述したが、学びの成果は後追いでやってくる。学習者は直近の目標に向かって学ぶことに夢中で、それをある程度なしえない間は、さらにその先にあるより高次な学びの存在や、それを今学ぶ意義に気づくことはほとんどない。しかし目標を成し遂げ成果を手に入れ、その意義に気づいた時には、すでに今までの学びの苦労は薄れ、どのようにして今に至ったかについて立ち止まって振り返ることはあまりしないのである。しかし、あえて歩みを止め、経験を省察したものは、過去の学びの過程において役立ったに違いない教訓や知恵を眼前につかみあげることができる。持続可能な社会を開発するためには、先達は後進にこの貴重な学びをバトンとして渡すがごとく伝達する責務がある。インストラクショナル・デザインの教育的背景にはそのような想いがある。しかし、残念ながら学生の多くはこのことを理解していないようである。

学生はまず、現有の学びの観念を捨てることが必要である。彼らは、学びがあてがわれるものであるという固定観念からくる関心でフィルターをかけて、自らの手で意味づけしようとしていないに過ぎないということを知るべきである。

時間軸には、概して２つの考え方がある。現在・過去・未来という循環曲面

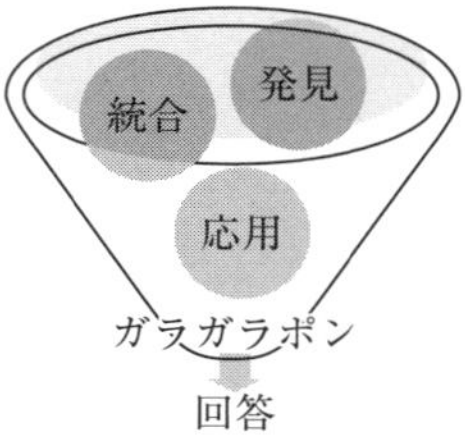

図９　回答という“つくりモノ”

的な考え方と既在・現在・将来という曲面接線的な考え方である。大学生にとって、将来（将に来たらんとするもの）は予想がつく、例えば前述した教師になるといったことなどである。しかし、未来（未だ来ずもの）は、本当にわからない。ただし、少なくとも今まで生きてきた経験から今後さまざまな人と出会い、それが縁で多くを学び、それによって知のステージは、推移するであろうことは想像するに難くない。ゆえに、学生時代という人生のモラトリアム期にあって、空を飛ぶ鳥のように幅広くかつ遠くをバードビューイングするように、できるだけ多くの経験的学びに接して、高次の学識へと近づこうとすることは大切な姿勢である。

たとえ、わくわくするような話でなくても、まず相手の立場に立ち、どのような問題解決プロセスを踏んできたのかと想いを膨らませていくうちに、共感だけでなく疑問や自分に関わる気づきが生まれるものである。さらに、仲間と自由に話し合う中で新たな命題を見つけ出し、仲間で議論し、さらに先達にも意見を乞うことで有意義な見解や教訓的態度も生まれる。そして、これが創造力の所産である回答、すなわち発見・統合・応用というつくりモノなのである（図９参照）。

人生は、出来事の束である。出来事は、コトである。そこから得られた産物（モノ）とは、経験としての学び（知見や知恵など）である。ただし、人生は短く実際の経験には限界がある。先達の経験的な学びを自らのキャリアに関連づけようとするセルフマネジメントの姿勢は、必ずや後の自身の経験的学びとして統合しうる。特に自分の手で改めて意味づけする行為こそが本当の学びにつながるのであり、これらの点が学識形成のためにきわめて重要であることを認識してほしい。

（２）　教師による経験的学びの教育統合

一方、教師にも重要な役割がある。それは前述した創造的教師としての働きである。特に人間環境システム学科などの経験科学を重視する専門と教育とを構築する際、その方向性と有意性を担保する礎が自身の経験的学びによって得た高次の学識（世界観）なのである。

以下は、筆者の学習開発のビジョンである。

表３に、学びの型とそれぞれに求められる教師の役割を示す。写経的学びとは、勉強を代表とする系統学習であり、主に取り込みとシステマティックな学びに相当する。教科「知」を教えることは簡単である。一定の筋道にそって段階的に学習させ、解答をテストすればいいからである。しかし、例えば、国語で生徒に本を読ませその理解度について考えてみると、正しくわかることについては評価できるが、深くわかる、さらに豊かにわかることを点検することは系統学習の教育では難しい。

生徒の内的経験と照らし合わせながら内容を帰納的に解釈しようとしたり、読書中における気づきから演繹的に考えを膨らませたりするためには、そのための方法が必要であり、教師には、学習者に対しどのようにわかったかを励起する姿勢が必要となる。それは勉強法に限らず、遊びそして仕事の仕方にも共通する方法の概念である。そして教科にかかわらず、また授業と遊びの隔てなく、学習者にできるだけ多くの問題解決を経験させるよう配慮しなければならない。

ただし学習者にとってこの種の学びは、孤独で手間のかかるものである。なぜなら**問題解決学習**とは、発見・統合・応用の仮説実験授業だからである[12]。決まった答えはなく、その後の自身の経験を通じて点検し、さらにおそらく改訂し続けなければいけないからである。それゆえ教師は、効果的な学びの方法論を踏まえておくことが望まれる。それが仮説実験モデルなのである。教師には、仮説実験モデルに従ったアクションプラン（学習レシピ）の設計と学習者の仮説実験授業の実践をアクションラーニングしながら最終的に受容可能で望ましい授業となるよう常に改善することが求められるのである（図 10 参照）[13]。

表３　学びの型と教師の役割

学びの型	学びの要素			教師に求められる学識と役割
	様式	入力	出力	
写経的学び（系統学習）	習熟	所与	解答	言語・論理・技と伝搬
経験的学び（問題解決学習）	統合	選択	回答	方法（「学びの方法論」を含む）と励起
自律的学び	収斂	洞察	態度	スタイル・世界観と感化

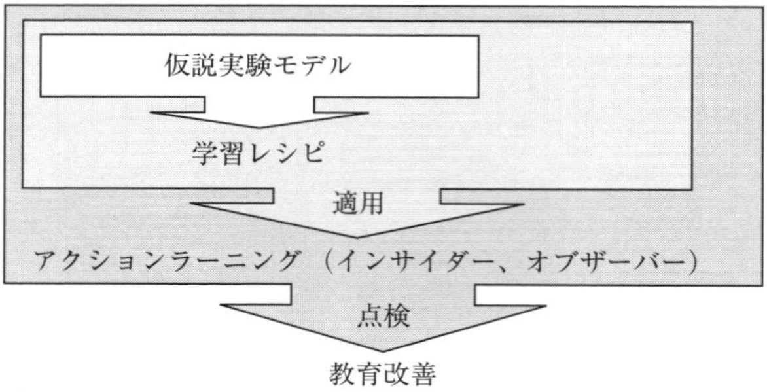

図10　学習開発のビジョン

[主な出典]

1. 学びあいの教育概念とデザイン方略、日本創造学会論文誌、第14巻（2011年）

[注記]

12）ボイヤー［1996］は、FD（教員の資質開発）とは、研究としての発見（discovery研究の学識）、統合（integration専門分野間の関連を明らかにする学識）、応用（application学問の成果を社会に関連づける学識）と、教育（teaching発見・統合・応用を有機的に伝える学識）から構成される要素の中で、その構造を見直して教育重視することを指摘している。これを受けて筆者は、問題解決学習として、発見・統合・応用の仮説実験授業を展開している。

13）現在、富山大学のインストラクショナル・デザインでは、これまでの講話を聴くだけのやり方を改めて、**大学という学びを目的とする場で考えられる有効な経験的学びの学びあい**として次頁の図にあるようなソフトシステム方法論に準じたプロセスにそったプログラムを実践している。

この授業では、学びという普遍的な課題をテーマに、それへの関心を喚起することを中心にすえた。先達の経験的学びは、認知コミュニケーションによってエクササイズされて学習者の当事者的な学びとして変容する可能性がある。講話の中で率直に感じた疑問を共有しあって、ならばどうすればいいのかを話しあうこと、そしてその行為と結果がどれだけ意味のあることなのかについても自分で判断できることが重要であると考えている。

そこで、学校教育と社会（生涯）教育をテーマに2つセッションを設け、それぞれ異なるチームで学びあわせている。

学校教育セッション

2011年度の学校教育セッションでは、長年小学校教育に従事し、主に不登校やいじめ問題に貢献してこられた2名の講師を招いて、「遊び心が、教育に必要である」「けん玉が不登校やい

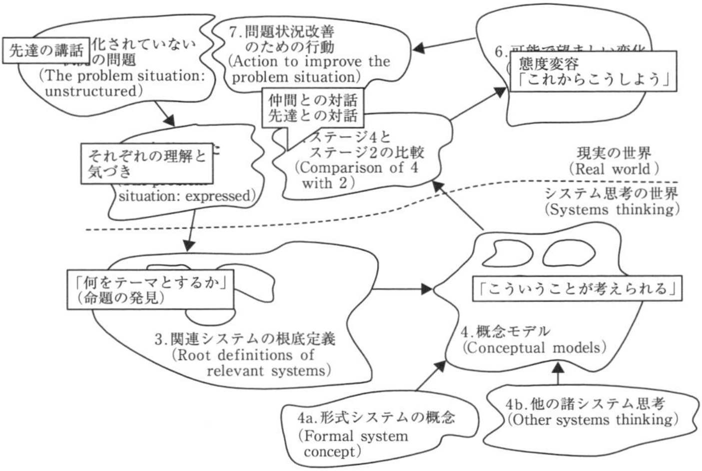

学びあいの実践プロセス

じめをなくす」をテーマにこれまでの実践とその省察を各90分にわたり傾聴した。その後学生たちはチームに分かれ講話の理解図（リッチピクチャー）を作成し、ポスターセッションを通じて何がわかって何が疑問なのか、そしてどのような批判的な考えを持ったのかについての解釈を共有した（次頁上図参照）。

次に全体で意見を交わしながら合意できる仮説命題を探した。つまり、講師の話に対し感銘をうけるだけでなく、むしろ自分の将来に結びつけるために、講話をより客観的批判的に捉え、疑問や意見を帰納的に整理し合意を見いだし、そこからさまざまなアイデアを演繹的に考えていくのである。2011年度は共通の命題発見のためのメモ構造図（次頁下図参照）をもとにした検討の結果“遊びは、学びの導入剤である。”という仮説に対しての合意を得ている。学生たちの漠然とした意識には、「確かに、遊びは教育にとって大きな魅力となる。しかし自分が将来教師になったとき、遊びの中心がゲームとなっている現代的な子供に対して先達講師のように活用できるのか」という疑問があった。また、話し合いの中で学生の間には遊びと学びの捉え方に違いがみられた。そこで、再度チームの活動に戻り、提言の前提となる“遊び”と“学び”の言葉の定義について明確化することから行った。そのうえで、学生自身が将来小学校や中学校の教師となったとき、“遊び”の要素を取り入れた“学び”としてどのような活動や配慮が考えられるのかについてアイデアを出しあって概念モデルとして作成した。

セッションの最終週では、改めて講師を招いてチームごとに概念モデルのポスター発表をして、アイデアの有意性や実行可能性について熱心な討議を行った（次頁図参照）。

リッチピクチャーをもとにした学生同士のポスターセッション（風景）

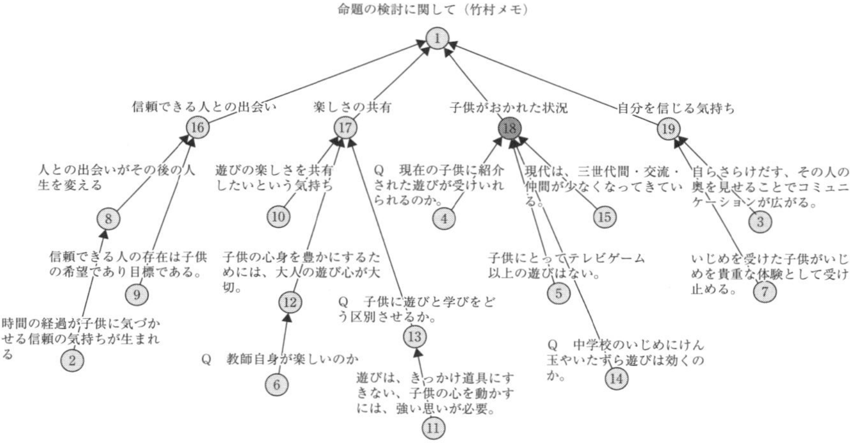

共通の命題発見のためのメモ構造図

社会（生涯）教育セッション

このセッションにおいても2名の先達の講話を聴き、チーム学習をするが、その特徴は、学校教育セッションでは教師が仮説命題を提案しこれをもとにチームで具体的な教育を考え、その有意性を先達を交えて討議するのに対し、生涯学習をテーマに教育を考案するには経験が不足しているため、むしろ前セッションに倣いながら今度は各自が仮説命題を発案することを行っている点である。今回、「持続可能な学びと自己実現」と「国際救援活動に求められるコミュニケーション」と題した先達の実践と省察を受けてのリッチピクチャーをもとにした学生同士のポスターセッションまで行った後、仮説命題の発想に関してはチーム単位で試みた。実際のA～Dチームの命題案は以下のとおりである。

Aチーム　同じ経験をしても人によって、これまでの経験が異なるため、自分の中に還元されることや質といった内容は、異なる。

Bチーム　ふくらんだ学びの貯金箱の認めあいが、生涯学習を支える。

Cチーム　生涯学習とは、自ら環境を選択し行動することである。

Dチーム　共感・共有・共働が、学ぶ意欲を掻き立てる。

これらの真偽と内実の新規性が後半セッションの討論の中心となった。

2名の講師を交えたチーム提言に対する質疑（風景）

振り返りの話し合い

2つのセッションを振り返って、学び（の認識）の変化と、将来の教育者やリーダーとして貢献するために何ができるのかについて改めてチームで話しあい、さらに全体でその認識を共有した。そして筆者自身が学んだ学び（の認識）についてコメントした。それは、学びには正解はないこと、しかし学びを求めない限り答えを見つけることができないこと、そして学びは他者との学びあいでより明晰になること、同時に関わりの深さが自身と組織のアイデンティティを高める要因となること、ゆえにこれからの学び（学びあい）への態度こそが自己実現に大きく影響するということである。

まとめ

先達の経験から仮説命題を見いだし、互いに対峙して議論する経験と、チームの対話と全体での討議を通じてインサイダーとして関わりを醸成する経験を通じて学びに対する勉強という偏狭的見方から広義かつ多様な捉え方を共有することでより本質的な認識に逓変《ていへん》できたことに重要な教育的意義があると考えている。

教育の一般的な方法は、PDCA（Plan・Do・Check・Action）である。授業計画にあたるPは、学びあいの実践プロセス図の「これからこうしよう」に相当する。この策定にあたって教師は、その教育の“背景”や、動機づけ、そして目標を明らかにしている。筆者の提唱する学びあいの教育とは、授業づくりの背景認識から学習者も共有することを意図している。これが、いわゆる課題探求型授業である。そして、そこでは学習者だけでなく教師も学びの当事者なのである。さらに教師は、学びあいをコーディネートしながらも学習者に不足する多様でかつ肝要な概念や理論を逐次提供する役割も担わなければならないのである。

第2部

自己学習開発の歩み
―「私とは何ぞや」と問う“私”の自己充足的統合とは―

■自己意識研究と自己学習レシピの創造

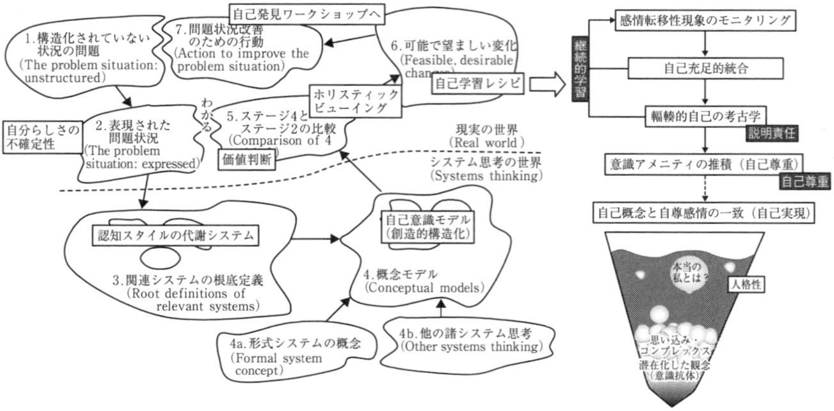

図1　SSMによる自己学習レシピの創造

筆者は、2004年からの3年間にわたる自己意識研究ではSSMに従って自己学習レシピを構築するに至っている。図1の各ステージに沿った活動の摘要は以下の通りである。

ステージ1：自律的自我スキル（問題認知）

意識アメニティ不全の意識現象（構造化されていない状況の問題）について認識を共有する。近年、毎日のように報道されるさまざまな“嘘”に対する私たちの慣れは、やがて諦観《ていかん》を生み出し、今度は、自らの手で屈折した当事者意識の問題環境を作り上げているという実情を捉え、これが大人の思考癖にとどまらず、次の時代を背負う若者にまで悪影響（意識アメニティ不全）を及ぼしているという認識のもと、改めて自律的自我、すなわち自身で価値体系を自己概念に見いだすことの動機を明らかにした。

ステージ2：セルフスタディのバイアス（問題状況の解釈学的仮説孵化）

“意識アメニティ不全”を表現するために、セルフスタディ（自己学習）と、無意識の現象学的考察を行った。自己概念は、自己学習の摂理に従いながら体験的に形成されていくが、その過程に意識化された“思い込み”と新たな経験との不適応が時として自己効力を見失うことを明らかにした。そして、今ある意識アメニティ不全は、社会（不）適応過程を通じて、輻輳《ふくそう》的に背負わされた価値判断フレームが引き起こしていることを理解した。

ステージ３：認知スタイルの代謝システム（仮説の抽出）

自分のあるべき姿を自分だけの責任で形成していくために、“良心への立ち入り禁止区域”へのハマリの認知スタイルに着目し、本質システムとして“認知代謝症候群（コグニティブ・メタボリック・シンドローム）”を定義した。

ステージ４：メンタルモデル（仮説概念モデル）の発見

既往の（情動・精神分析、現象学）学習理論も参考に、自我の防衛機能だけでなく自律性をもった適応機能にも注目し、精神諸機能の統合機関として自我のメンタルモデル（感性粘液モデル）を構築した。具体的には、自我自律性の過程に則した“自我生成”と“志向性”と“自我自律化”の概念である。

ステージ５：自分らしさの不確定性の原理解釈（問題の別の切り口表現）

メンタルモデルを用いて自分らしさの不確定性の原理を表現した。さらに、この原理をもとに問題状況を緩和するために導入するかもしれない可能な変化は、仮定同一性自己のホリスティックビューであることが分かった。

ステージ６：自我自律化のための行動実験モデル
（仮説としての発見的に［自分らしさを］わかる方法）への統合

自分らしさを収束するため、実行可能で望ましい行動実験モデル（自己学習レシピ）を構築した。それは、主観的経験を通じた意識抗体の生成・堆積のダイナミックスの中で、意識アメニティを捉え、その拡大を通じて自分らしさの統一性を見いだすために、認知療法、EQ 理論、ポジティブ心理、論理的思考、感情曲線、自己スキーマ、効用加算、自尊感情を支える根という認知・情緒・行動についての技法のコンビネーションである。

＊詳細は、『自分らしさのシステム思考』（ナカニシヤ出版、2007）において展開している。メンタルモデルの発見や自己学習レシピへの統合経緯に関して興味をお持ちの読者はこれを参照願いたい。

第1章から第4章においては、一連の研究活動から構築したメンタルモデル（感性粘液モデル）を用いて経験に伴う人格性の形成、そしてアイデンティティの困難さについて述べ、読者に自己充足的統合の有意性を促す。さらに第5章では、自己学習レシピに従った自己内省と発現の教育応用例を紹介する。

第1章

認知スタイルの形成

私は、知覚の束にすぎない。強い印象が何度も繰り返されると、それは観念となる。

ヒューム

“自我”は、自分に対立する“非我”を、常に自分の内部に取込もうと活動している、という構図である。

フィヒテ

（1） 観念の形成

筆者は、自己意識の全体像を図２〜図４のような円錐体として表現している。円錐体中に充填している液体（図の黒色部分）を**感性粘液**と称している[1)]。図上部が顕在意識で下部が潜在意識の領域である。図３の中に浮遊している塊は、**現象**（可能性としての問題意識）である。そして、底にある沈殿物を**意識抗体**（観念の団塊）と命名している。これらを用いて以下では、印象および経験的な感情転移性の現象化と認知の特徴的様態を表現する。

人が生を受けた時点において存在するのは、生得的気質に相当する“感性粘液”だけである（図２参照）。密度が濃くまた均一な液体をイメージしていただきたい。

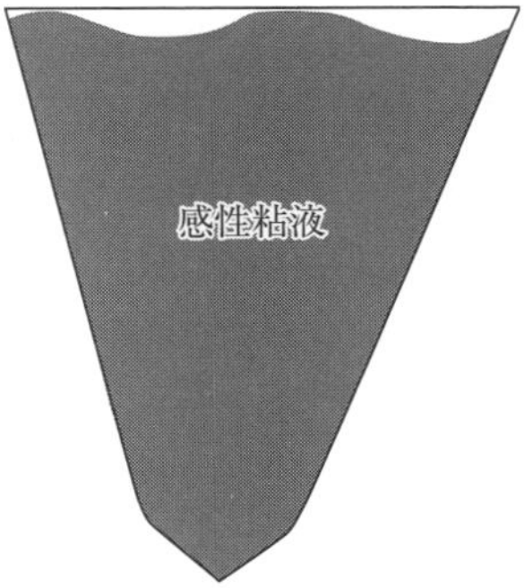

図２　メンタルモデル
（感性粘液モデル）

意識抗体生成の発端は、偶発的なアクシデントで、主に他者作用が中心となる。まず、他者の言動などのシグナルに反応して感性粘液から凝固物が抽出される。これが印象の生成に相当する。そしてそれが強いほど、抽出物はより固く凝結するため、次第に沈下し始める。そして潜在意識の領

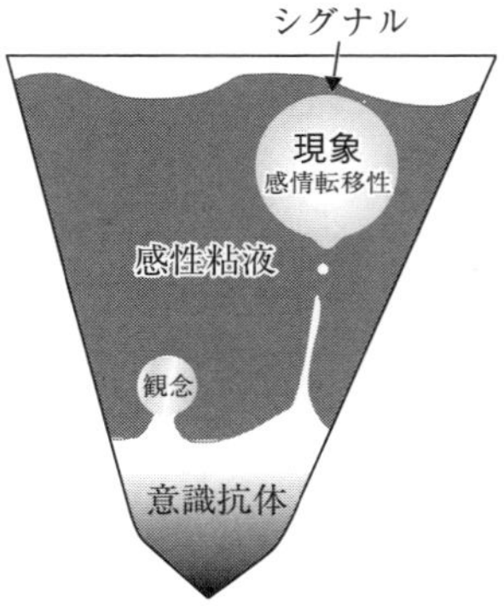

図３ メンタルモデルによる感情転移性現象

域に至ったとき観念の源である意識抗体となる。

その後、前経験と関係するシグナルを受けとった際、後天的な感情転移性プロセスによって前印象はより強化されて認識される。つまり、感性粘液から新たに抽出される凝固物である印象に加えて、シグナルと関係する意識抗体が活性化することで底部から遊離し、やがて塊（現象）が顕在意識領域に浮上する。

その後、滞留期間において思惟あるいは情動行動を通じて、これらが融合したり再び分裂したりする。さらに、潜在化プロセスを経て、これらは新たな自己充足的あるいは自己喪失的な観念として堆積されるのである。これが基本的な経験的学びのプロセスである。

（2） 観念の連合

長年におよぶさまざまな経験を通じた感性粘液からの凝固物の抽出に伴い、液体濃度は徐々に希薄になる。また液自体の量も逓減《ていげん》していく。これは、リビドー（リビドーという用語は、フロイト［1977］に由来する。筆者は、これを“学びのエネルギー”と捉え直している）の経年に伴う低下、すなわちシグナルに対して新たな印象を生成する能力の低下を意味している。

そして、外部からもたらされるシグナルに対しては相対的に印象生成よりも感情転移性現象が増していき、最終的には外部からのちょっとしたシグナルにもさまざまな現象をパラレルに浮上・滞留させ連合させることで、意識する心に独自の**認知スタイル**が形成されるようになると考える。**人格性**とは、生得的な感性粘液特性の気質とは異なり、その良し悪しに関係なく輻輳的に持つようになる観念の統合体[2)]であると考えている。

［主な出典］

1. Systems Thinking on Ego Autonomy, *Journal of Japan Creativity Society,* Vol.12（2009年）
2. Soft Systems Approach for Self-Study, *Journal of Japan Creativity Society,* Vol.13（2010年）

［注記］

1）　学生に「なぜ学ぶのか？」と聞くと、さまざまな答えが返ってくる。これらは大雑把には以下の3種類にわけることができよう。

1. すでに学んでおり理由はない。
2. 生きるため（人生を楽しむため。自分が成長するため）。
3. 自己実現するため（本当の幸せを掴むため。死を受け入れるため）。

これらは、いずれも間違いとは言えない。実際先達も同様な言葉を残している。

感性粘液モデルは、これらマルチプルアウトの根拠となりうる自己形成の本質を問うものである。つまり、自己の視座により異なる捉え方に立ち、すでに学んでいるとはどういうことか？　自分が成長するとはどういうことか？　自己実現とはどういうことか？　の回答を担保できる認知的技術を目指している。

回答者の視座

2）　自己は、下図に示すように他者を媒体とする経験・構造的素因と遺伝的素因による認知スタイルの輻輳的産物といえる。そのうち先天的な気質である遺伝的素因の占める割合は6割［篠原2001］で、残りが、後天的な構造的素因と主観的経験素因である。後者は、ラベル（言葉）であったりシステム機能社会であったり、学校教育のナンバーワン志向であったり、情報爆発、情報肥満だったりする。そして、他者の形態が変容するなかで、特徴的として、新たな“つくりもの”による疎外が占めるようになってきていることがいえよう。

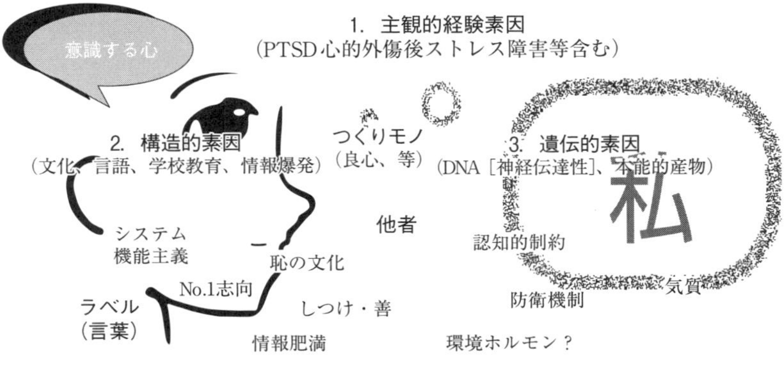

輻輳的価値判断フレーム

第 2 章

「私とは何ぞや」と問う動機づけ

全思想の固定した動かしがたい中心テーマは明らかに“自分とは何ぞや”であった。
カッシーラ

一般に**人格**とは、他者の意識する心によって捉えられる行動特性である。一方、広義の**アイデンティティ**は、本人の意識する心により捉えられる人格性であり、必ずしも前者とは一致しない独自の世界観である。段階的に自己の概念、信念、そして理念にあたると考えている。**概念**とは、自己の認知スタイルを恣意的に取捨選択したものである。さらに、多様な経験的側面を有する自己の概念を自律的な視点から再統合したものが**信念**であり、自己の存在理由を普遍化したものが**理念**である（第4章において補足）。

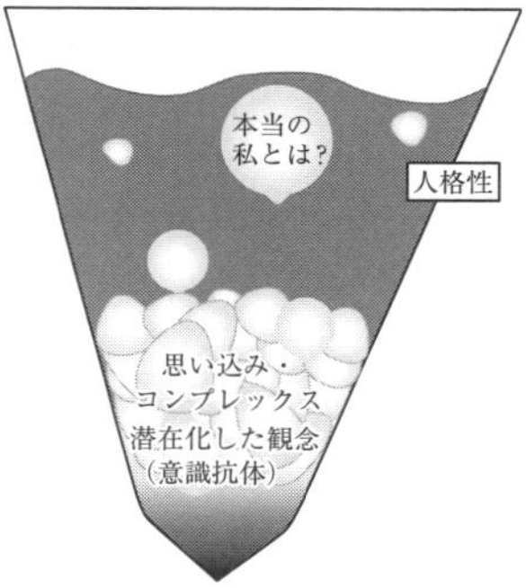

図4　メンタルモデルによる輻輳的自己意識

しかし、自己の概念でさえ実際に特定することはきわめて難しい。なぜなら「本当の私とは？」と意識する心は、図4にあるような感性粘液に浮遊する1つの現象に過ぎないからである。この内には、図5にあるように「私をどう捉えたいか」という“我”の主張性と、「私がどう見られているか」という他者と対峙する“自”への期待観や羞恥心が存在する。しかし、それだけではない。意識抗体から派生した観念である“知らない私”がもたらす収まりきらない感慨が存在する。例えば、それは確信的な思い込みや否定的なコンプレックスなどの固定観念がもたらす葛藤や焦燥などである[3)]。

図４を用いて補足するならば、感性粘液の中の「本当の私とは？」という問いは、生得的動因からくる感性粘液の凝固物による濁りと、他者誘因による粘液の揺らぎと、覗き見るレンズ（認知スタイル）の歪みにあって、その現象を包含している自己意識全体を見渡し捉えようとする試みなのであり、まさに“客観としての世界の中の主観性であると同時に世界に対する意識主観でもある”という人間的主観性の両義的構造［フッサール 1995］を扱う困難が存在するのである。

そして、この困難の克服のためには、土田杏村［1982］の言葉を借りれば「欲望にくらまされた無明と超越する真如を自らの不断の働きの中で統一しながら生きていく」（傍点、筆者）しかないのであり、統一するためには、自らの無《む》明《みょう》を知らしめ「私とは何ぞや？」と問うきっかけを与える他者の存在が常に不可欠なのである。

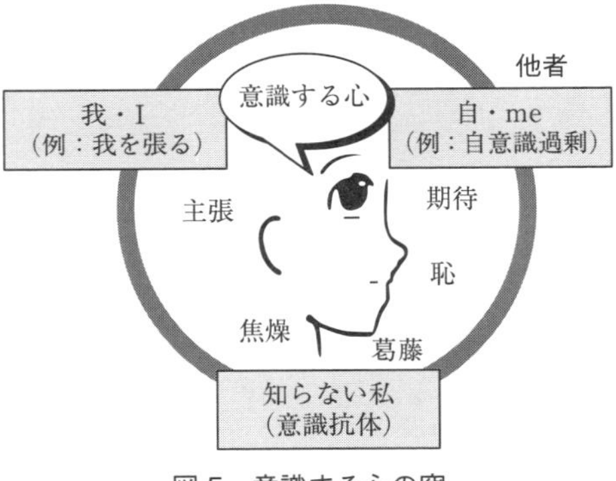

図５　意識する心の窓

［主な出典］

1. Systems Thinking on Ego Autonomy, *Journal of Japan Creativity Society,* Vol.12（2009 年）
2. Soft Systems Approach for Self-Study, *Journal of Japan Creativity Society,* Vol.13（2010 年）

［注記］

3) 第１部第１章のコミュニケーションの説明において悟性、知性、感性という言葉を使ったが、これらは、図５の３つの意識する心の窓に多重に作用する性（サガ）である。精神現象学「ヘーゲル 1997」において、「理性とは、物の世界のすべてに行きわたっているという意識の確認である」という命題が繰り返されたと長谷川［1999］は述べている。さらに長谷川は、後年のヘーゲルなら「分裂と否定をふくみ、それらを高い次元で統一するものとして理性の秩序がある」と言えただろうと指摘しているが、筆者は、感性粘液モデルという別の切り口から「理性とは、3つの意識する心のサガ（悟性・知性・感性）の作用を調整するサガである」という解釈をとっている。

第 3 章

自己充足的統合

自己概念は自らの世界観の変遷によって否定されていくことによって、より高次のより普遍的な自己概念が獲得されていく。　ヘーゲル

人は、不適応な現象に問い、考え、わかり、これを活かすという問題解決プロセスを踏むことで、その経験を内面に堆積し新しい観念を自らのものとする。

図6は、第1部の図4を再掲したものである。統合に関して狭義と広義の捉え方があることも前述したが、本章においてはまず後者の、効用の逓減期間をおいて、否定（逆説）も含めた経験的学び（あるいは経験）を自己の概念や信念として受容的に統合するための姿勢について補足する。

末期のがん患者にみられる共通の心理過程を長年研究している大宮［1986］は、がん患者が、一様に否認、怒り、取引、抑うつ、受容というプロセスを経

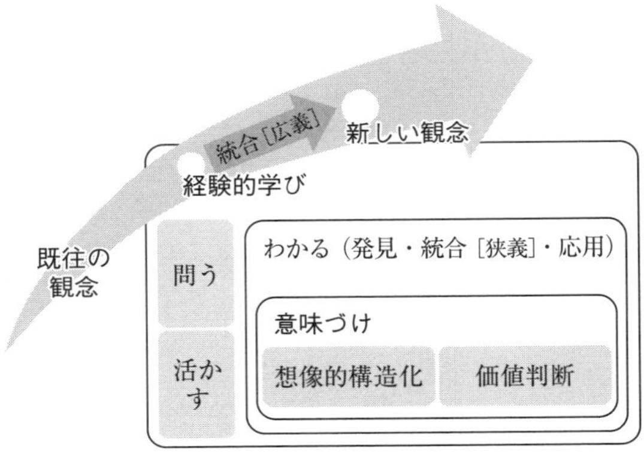

図6　経験的学びの基本的概念［再掲］

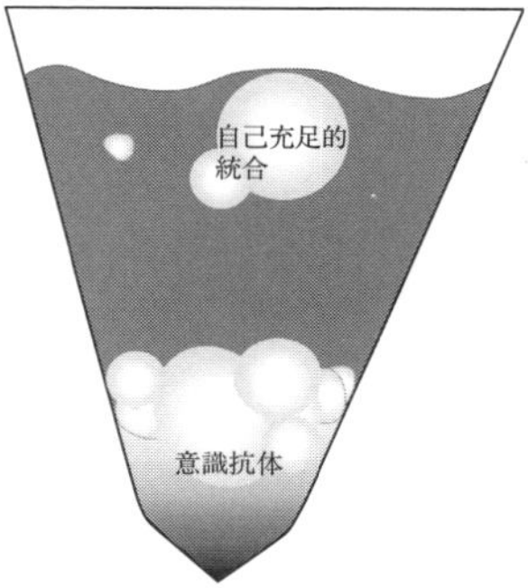

図7　逆説の統合概念

て、死を迎えると指摘している。このように逆説の観念の矛盾を無意識的に了解するプロセスは、身近にも少なからず存在する[4)]。読者は、“昭和”から“平成”に年号が変わったときのことを覚えておられるであろうか。当時筆者は、“平成”という響きに平安時代が連想されて古臭いという印象とともに違和感を覚えた記憶がある。しかし、23年たった今は、逆に“昭和”の響きに対してその印象を持つようになってしまっている。

つまり、時間を味方につけるという能力は、生得的であるといえよう。

ただし、「欲望にくらまされた無明と超越する真如を自らの不断の働きの中で統一しながら生きていく」ためには、時間という妙薬に頼るだけではいけない。現前の現象に対し既往の理論や仮説を弁証法的にまとめ上げながら有意づけるという狭義の統合をどうするか、その姿勢がきわめて重要である。

過日、家族でテニスをした時の話である。運動の後のどがかわいたので飲み物を飲もうと自動販売機のところへ行った。筆者はダイエットコークを、妻はコーヒー牛乳、長男においてはスポーツイオン飲料を飲みたいという。筆者の発案で、120円を投入してから3人同時にそれぞれのボタンを押してみようということになった。そこで、“せーのっ”と3人同時にそれぞれのボタンを押したところ、ダイエットコークが出てきたのであった。しかし、この結果に不満足なのか、どうしてももう1回やりたいと長男がせがむので、しかたなくもう一度ゲームをすることになったのである。

さて、ここで質問である。今度は何が出てきたと読者は思われるだろうか。

ちなみに、以前同じ質問を学生に聞いた時の答えは、図8のように分かれた。圧倒的に、ダイエットコークが出るという答えが多くあった。次はスポーツイオン飲料が出るという回答であった。そこで、なぜスポーツイオン飲料と答えたのかと聞くと、ほとんどの理由は「両親の長男へ飲み物を譲る気持ちでボタンを押すのを遅らせたから」というものであった。

しかし、アルゴリズムの問題として捉えた場合、図9からわかるようにスポー

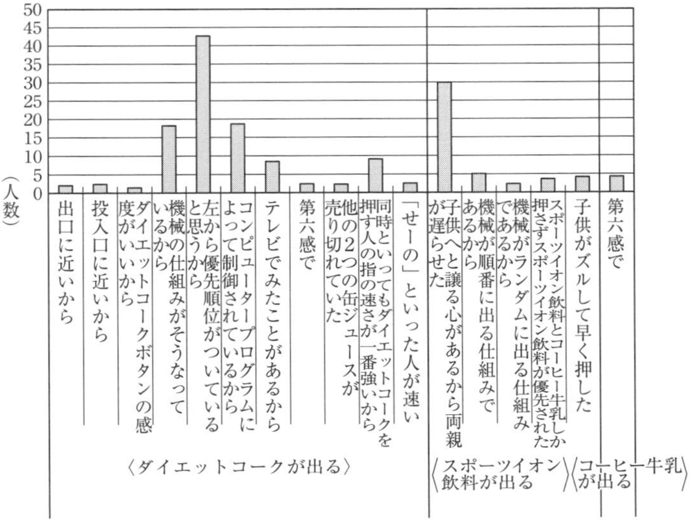

図８　２度目の飲み物

ツイオン飲料やコーヒー牛乳が出るという答えが間違いであることは言うまでもない。しかし、これを知識として知らない学生たちのほとんどは幸か不幸かそれゆえ自分の想像を働かせたのだ。この時、教室全体の雰囲気がいっきに明るくなった。何か満たされたような気持ちになったことを今でも覚えている。

このような捉え方を、筆者は**ポジティブな情意発想**（Positive Emotional Imagination）と呼んでいる。統合をするためには、知識で武装する姿勢よりも良心的な愛を働かせる方がより重要なのである[5)]。

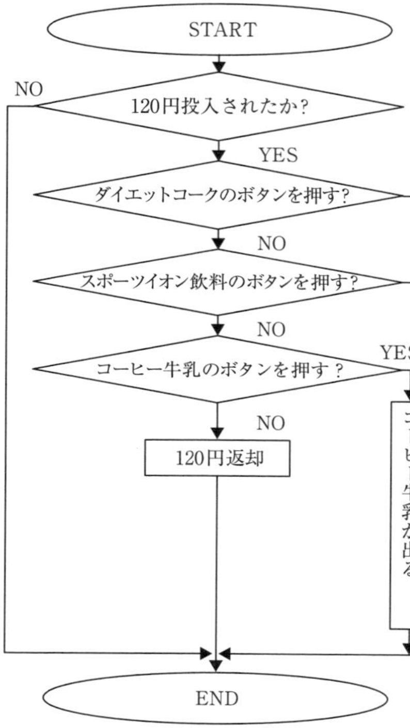

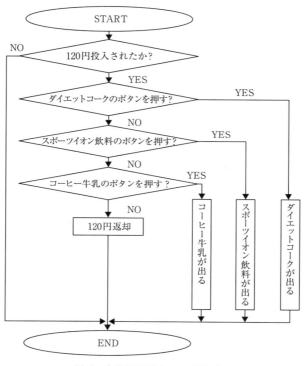

図９　自動販売機のアルゴリズム

自己充足的統合を可能にするもの、それは良心的な愛である。

[主な出典]

1. 自己らしさのシステム思考、ナカニシヤ出版（2007年）

［注記］

4)

最初からわかってたのは
パンプスははけないってこと
歩きつつ彼と話すと
知らぬまに猫背になるの
七夕のパレードを見に
腕をくみ人ごみ泳げば
でくわしたクラスメイトが
次の朝みんなで笑う
　彼は誰なの　どこで見つけたの
　でもかわいいね　あなたより背が低い
　並んだら5cmも

それ以来　急に気になり
心もち離れて歩いた
人前で冷たくしたり
わけもなく傷つけだした
　僕もまえから　おかしかったのさ
　やっぱり二人合わないよ　背がちがう
　並んだら5cmも

さよならは混んでたディスコ
はじめてで最後のチークタイム
あのひとのおでこの上で
いつまでも鼻をすすった
　あの日のダンス　本物だったね
　今は似合いのTinyな女の子
　つれてるときいたけど
　あんなダンスは二度とできないね
　子供だったの　5cmの向う岸
　二人とも渡れずに
　若いころには人目が大事よ
　もっと大事なやさしさを失くしても
　気づかない　こともある
　ラララ………

これは、松任谷由実「5cm の向う岸」の歌詞である。

どうか読者には、想像を膨らませて読んでいいただきたい。この歌詞は、主人公が当時到底受け入れることのできなかった他者から自身への見下しに対する反感を、結果的に恋人へと置き換えしたことの自責（否定的観念）を無意識的に了解するプロセスを表現しているのである。我々もよく似た経験をしたことがあるのではないだろうか。

5)　“良心的な愛”について補足したい。まず良心は善とは同一ではない。良心とは、遺伝的気質と主観的経験が強く影響したつくりモノである。一方善は、しつけと同様、構造的素因に相当する（43頁の輻輳的価値判断フレーム図を参照）。

帰属する世界の文化によって、我々はいつの間にか特有の価値観を背負わされていることが多い。2011年10月に中国広東省仏山市で２歳の女児がひき逃げされたにもかかわらず通行人十数人が無視して通り過ぎた事件は日本中を驚かせたが、このように仲間やコミュニティ、民族、国家が異なれば善も異なることがあるのである。

これに対し、良心は個人で異なる。行為を良心的であるとするかどうかの境界は、図にあるように当事者によって異なると考えるべきである。

自己愛、家族愛、隣人愛、異性愛、そして博愛など愛に関しては、対象とセットに捉えることが多い、筆者は、愛は、我を主張することだけでなく、相手に合わせることでもなく、自身の本能にまかせることでもなく、これらを調整しなければならないものであるという点において理性であると捉えている。

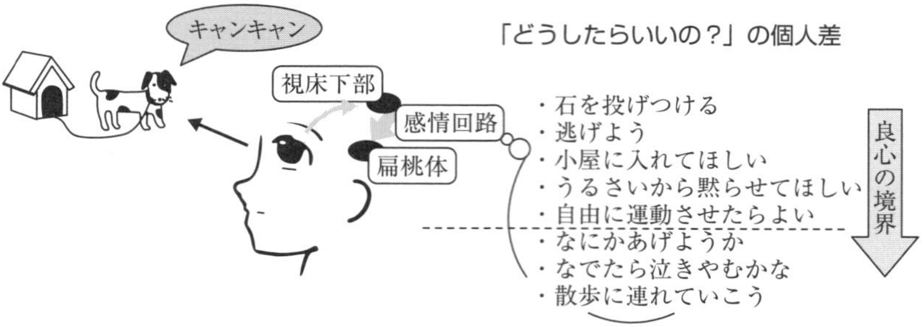
キャンキャン
視床下部
感情回路
扁桃体
「どうしたらいいの？」の個人差
・石を投げつける
・逃げよう
・小屋に入れてほしい
・うるさいから黙らせてほしい
・自由に運動させたらよい
・なにかあげようか
・なでたら泣きやむかな
・散歩に連れていこう
良心の境界

良心の個人差

第 4 章

不識の知

真のアイデンティティは、理念に相当する。ただし、フッサール［1995］が、“純粋な心は、判断中止においては「括孤」に入れられた「心」、すなわち単なる「現象」として以外なんの意味ももっていない”としているのと同様に、意識する心はすでに理性によってコントロールする必要のない自然（体）となっているために、客観化することができないのである。達磨不識《だるまふしき》の逸話も意識する心の存在さえ仮のものであると捉える唯識論的なこの世界観を象徴的に表している。

感性粘液モデルでは、この様態を図 10 のように表現することができよう。感性粘液の大半はすでに凝固・沈下し抗体化している。生得的気質を有する感性粘液は、印象を生成するほどの濃度はなく、よって濁ることもない。外部と同様に媒質が希薄化しているため、意識する心が他者シグナルに対し屈折して見間違えることもない。

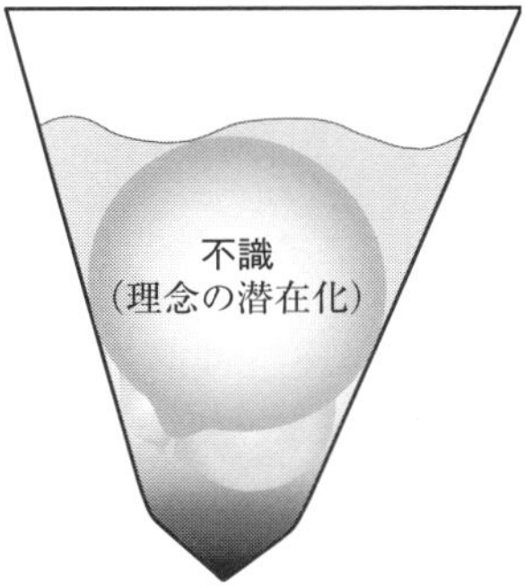

図 10　不識と理念

現象を生成する抗体が長年の経験的学びの成果として統合しひとつの塊《かたまり》の様態となって、現象に対する心の視座は統一し、自身の理念さえ識別することができない状態に至っているのである。

筆者の学び

経験的学びとは、感情転移性の現象化プロセスと観念の潜在化プロセスの循環である。一般的な言い方をすれば前者が問い、考え、わかるという解釈行為であり、後者が学ぶという自己形成にあたる。両者には、“因果応報”の関係がある。“自らの認知は前経験に影響され、その解釈はその後の自己形成に影響する。ゆえに、自分を幸せにするとういう自己充足的方向に向かわせるのも、自己喪失し苦しむことになるという悪い方向に向けるも自身の解釈姿勢次第なのである。”筆者は、自己充足的統合の態度変容こそが、自己学習の最大の要件であると確信した次第である。よって、後述する自己学習の教育的応用に際しては、既在としての自己に対して諦観をもって受容すること（広義な統合）、そして将来のために自身の存在意義の意味づけを良心的な愛をもってしようとすること（狭義な統合）の重要性に気づかせることが主眼となっている。

第 5 章

経験的自己との対話

授業目標	輻輳的自己を全体論的に捉え、自分らしさを再発見する。

本章では、自我自律化のための行動実験モデルに即した自己学習レシピ（図 11 参照）の具体的な教育応用例を紹介する。

自己学習レシピは、日常生活において予見不可能な感情転移性現象（図 3 参照）には、これをモニタリングして常軌を逸しないようにし、コーピングに際してはポジティブフレーミングによる自己充足的な統合（図 7 参照）を心得、時

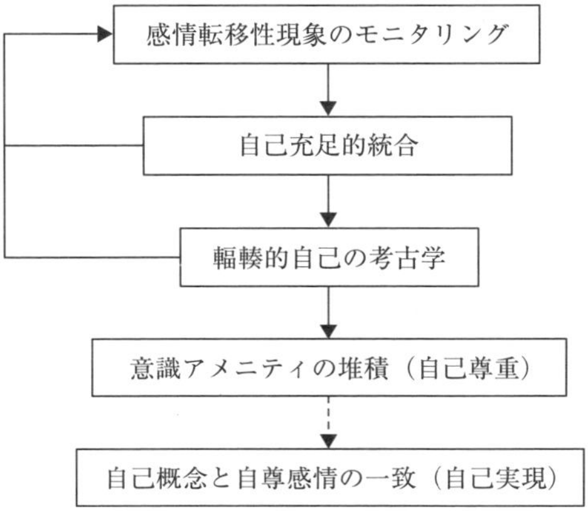

図 11　自己学習レシピ

に、経験的に堆積した輻輳的自己（図4参照）を全体論的に捉えなおすことで自己理解を改訂する。これを繰り返すことで最終的には自己概念と自尊感情が一体化した観念、すなわち自己実現に至るというものである。

ワークショップでは、感性粘液モデルを用いて感情転移性現象や自己充足的統合の意味について学生に理解させた上で、輻輳的自己の考古学として感情的自己理解と意味論的自己理解さらに自尊感情の理解を行わせる。前述したように感情転移性現象は、過去のイベントに起因する。これは感情曲線を描くことによってある程度たどることができる。全体論的に捉えるとは、感情経験を融合するだけでなく過去現在、そして未来の自分を描き切ることである。そのために自己スキーマを採用している。以上のプロセスを通じて、学生は自尊感情の規定要因を見いだす可能性がある。そこで、自己スキーマをもとに自己評価構造を作成し、AHP法による階層的意思決定法によって自分らしさの素《もと》―これを“自尊感情を支える根”という―を見つける試みを行わせている。

しかし、2009年のワークショップにおいては、冒頭から感情曲線を描くことに対して抵抗感を持つ学生がほとんどであった。そこで、アイスブレイクとして、まず現在のEQ（Emotional Intelligence Quotient）［ゴールマン1996］―これは自分と相手の感情を知り、それを上手くコントロールして自分そして周囲に働きかけるスキルである―について、仲間同士でのプロファイルのロールプレーイングゲームを行っている。

具体的には、簡易EQ検査を行い、交代で高い行動特性や低いものに関連して思い当たる出来事や体験などについてインタビュー形式で語りあう。その後、それぞれがプロファイリングした相手の行動特性に関するメモを交換し、相手からみた自己像を再認識する。そして他己評価に対する同意や違和感について踏み込んで話し合う。

図12　EQ検査をヒントしにした同僚との語りあい（風景）

図12は、2011年のワークショップにおいてロールプレーイングを

行っている様子である。

出来事や体験をナラティブに語ることで、自身の行動特性のバックグラウンドの存在に気づく。さらに聴き役となった時に、それらが同僚の行動特性にも影響していることを知ることで、共感と安心感が得られる。これによって自発的に自己のバックグラウンドに目を向ける態度を発揚するのである。

その上で、次に述べる（1）から（3）までの本ステップを実践している。具体的に（1）では、時間軸の感情的自己理解とイベント想起を、（2）では、これを踏まえた意味論的自己理解を、さらに（3）では、現在自己の評価構造と自尊感情の理解を囲みのガイダンスに従って行っている。

以下では、その実際をある回答例を抜粋して紹介する。

（1） 感情的自己理解

感情曲線を作成し、ネガティブとポジティブな思い出を箇条書きしましょう。

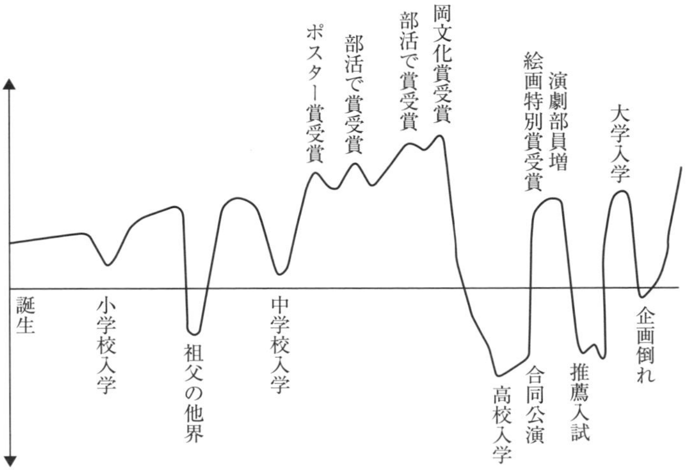

図13　感情曲線

図13は、私の、産まれてから今までの感情の起伏を示した感情曲線です。

〈ネガティブな思い出〉

・祖父の他界

・高校入学（高校1年）

・推薦入試

・企画倒れ

〈ポジティブな思い出〉

・中学生、ポスター最優秀賞受賞

・中学演劇部で最優秀賞（2回）

・中学演劇部で岡文化賞受賞

・高校生、絵画特賞受賞 → ポスターになる

・高校演劇部で部員が増える

・大学に入学、多くの友達ができる

最も辛かった出来事をできるだけ想起し、書き出してみましょう。

〈想起：高校1年　クラスメイトからの無視〉

・中学生の時、周りの人に「演劇部の人は変だ」と言われる。
　→周囲の目が気になるようになる。

・高校に入ってすぐ、クラスの人に無視されているように感じる。

・私と友人が一緒にいても、友人にだけ挨拶。友人にだけ話しかける。
　→自分の気のせい？

・こちらから挨拶してみるが、返事は返ってこなかった。
　→気のせいじゃないみたい…。

・何で？　私が何かした？　何が原因？
　→クラスに入ってすぐのことだし、相手は今まで話したこともない人。
　　自分は何もしていない。
　→自分は悪くないハズ…。

・その人に会うのが怖い。

・以前にまして、周囲（家族・友人以外）の目が怖くなる。
　→彼氏と別れる。
・周りの人が話していて笑い声が聞こえると、自分のことのような気がする。
・苦しい。
・ツライ。
・不安。
・学校に行きたくない。
　→学校へ行く前、毎朝のように泣いてしまう。
　→けど、行かなくなるのは嫌だし…。
・食事をしようとすると気持ち悪くなる。
・早くクラスがかわってほしい。
・仲のいい人と一緒にいよう。
・頑張って認めてもらおう。
・自分を好きだと思ってくれる人もいれば、嫌いだと思う人だっている。
　→私が演劇部だから、偏見を持たれている…？
　→だとしたら、自分にはどうしようもないこと。
　→自分は悪くない。仕方がないこと。
　→無視されることを気にしないようにする。
・自分のしたいことに集中する。
　→自分は自分と割り切ろうとする。

極端な認知スタイルがあったのか振り返り、捉え直してみましょう。

　この出来事で自分を苦しめた認知スタイルがあったかどうかということを見つめていこうと思います。

［解説］
　歪んだ認知スタイルの主なものをあげると、
①　証拠が不十分なまま思いつきを信じ込む「恣意的推論」
②　答が対極しかない「二分割思考」

③　情報選択が偏る「選択的抽出」
④　気になっていることばかりを重要視してそれ以外を矮小化して考える「拡大視縮小視」
⑤　すぐ決めつけに走る「極端な一般化」
⑥　自己の感情状態から現実を判断する「情緒的理由付け」
⑦　すべて自分と関連づける「自己関連づけ」

があります。

そこで、次のように試みます。

Step1：認知の歪みがあるかを検討します。

例えば、

・「～に決まっている」
・「～でなければならない」
・「～なんて耐えられない」

という気持ちがないかを振り返ってみます。もし、該当するものがあれば、

Step2：認知スタイルの改訂を試みます。

具体的には、

・「～かもしれない」
・「～の方がいい」
・「～であってもこの世の終わりではない」

という表現にしてみます。

まず、当時の「歪んだ認知スタイル」を考えると、

・気になっていることばかりを重要視してそれ以外のことを矮小化して考える「拡大視縮小視」
・自己の感情状態から現実を判断する「情緒的理由づけ」
・すべて自分と関連づける「自己関連づけ」

の３つが当てはまると考えられます。

すぐに決めつけず、自分から挨拶をしてみるなどの行動をとり、相手の様子を窺っていたことから、証拠が不十分なまま思いつきを信じ込む「恣意的推論」や、情報選択が偏る「選択的抽出」、すぐ決めつけに走る「極

端な一般化」は当てはまらないと考えます。また、答えが対極しかない「二分割思考」も当てはまらないように思います。

　では、このような認知スタイルにはどのような極端な歪みがあったのかについて考えてみます。

「～に決まっている」「～でなければならない」「～なんて耐えられない」というような気持ちを考えると、

・演劇部の人は偏見をもたれているに決まっている。

・変に思われる、嫌われるなんて耐えられない。

・クラスの人には好かれなければならない。

という３つがあったと考えられ、これらが、自分を苦しめていたということになります。

　ですから、以下のように、

・演劇部の人は偏見を持たれているかもしれない。

・変に思われても、自分は自分。気にしない。たとえその人に嫌われても、すべての人に嫌われているわけではない。自分を好きでいてくれる人もいる。

・クラスの人には好かれた方がいい。

と捉え直そうと思います。

（２）　意味論的自己理解

自分に関する問題観、自分の考え、経験・信条などの間を線で結ぶことで今の“私”を叙述するための意味ネットワーク（自己スキーマ）を作成しましょう。

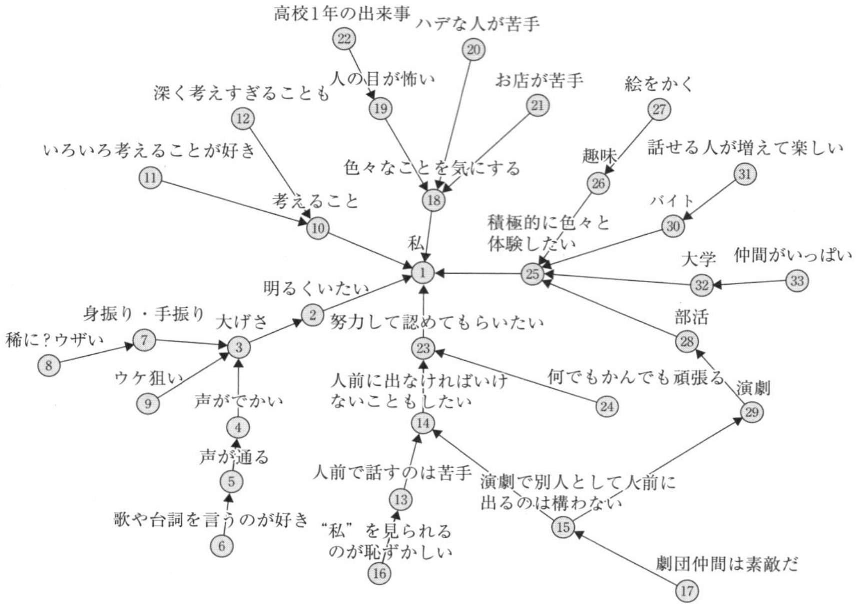

図14　自己スキーマ

自己スキーマから、わかったことを自由に記述してください。

私は、積極的、意欲的にいろいろなことに挑戦したいという思いがとても強いということがわかりました。しかしその反面、人の目を強く気にしてしまう傾向があるということもわかります。

また、絵画や演劇など、自己を表現することが好きであるということがわかり、かなり重点を置いているのだということもわかりました。それが、積極的、意欲的にいろいろと挑戦していきたいという思いと繋がっているように思います。

（3） 自己評価構造と自尊感情の理解

［解説］

自己尊重（Self-Esteem）とは、自分らしい質感の堆積（Esteem）です。その評価構造とは、自己記述の効用から成り立っています。効用とは、物事の望ましさを表す尺度です。自己尊重は、個々の単純な加算では説明できません。全体的自己評価に関連する度合いは、強い側面と弱い側面があるので、質感の階層構造と効用の重みづけのきわめて複雑な関数になっています。

階層構造図をもとにして効用を求める方法として代表的なものにAHP法［Saaty 1980］があります。そこで、ここではこの論理を用いて自己尊重の評価を行います。

3レベルからなる自己評価構造をつくりましょう。

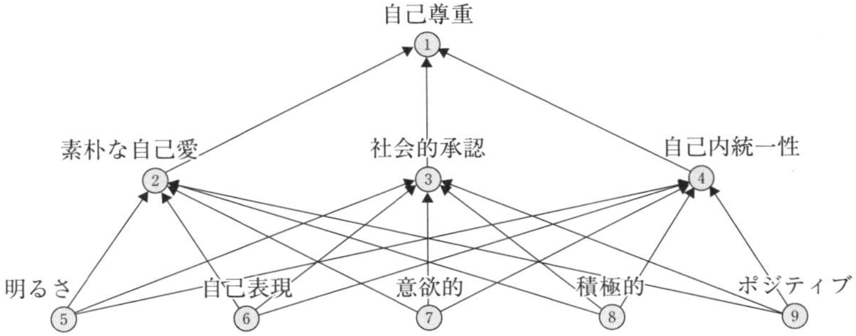

図15　自己評価構造図（画面）

私は、自己尊重の評価構造として、3レベルのハイアラキーを作成します。自己尊重を規定する側面には、以下の3つがあります。

① 自己尊重

② 素朴な自己愛 （現在の私的自己意識）

③ 社会的承認 （現在の社会的自己意識）

④ 自己内統一性 （将来の自分の信条や生き方）

そして、自分らしさを簡潔に一言で表すならば、⑤明るさ、⑥自己表現、⑦意欲的、⑧積極的、そして⑨ポジティブであると思います。

［解説］

評価構造は、ISM 法［Warfield 1974］の構造解釈のための論理を適用して３レベルからなる階層構造図です。これをもとに AHP 法にしたがった一対比較を行います。図 16 の一対比較画面では、素朴な自己愛と社会的承認を比べた場合どちらをどれくらい重要視するかの判断を問うています。同様にして、すべての項目の重要度比較の問いに対し判断していきます。

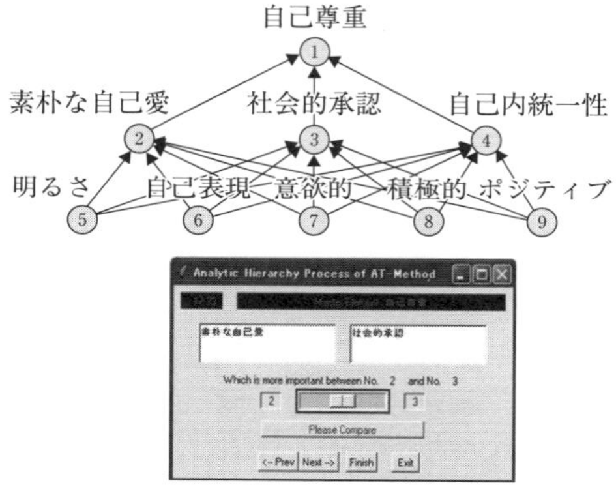

図 16　自己評価構造と効用に関する一対比較（画面）

AHP 法を適用し、自尊感情を支える根を発見しましょう。

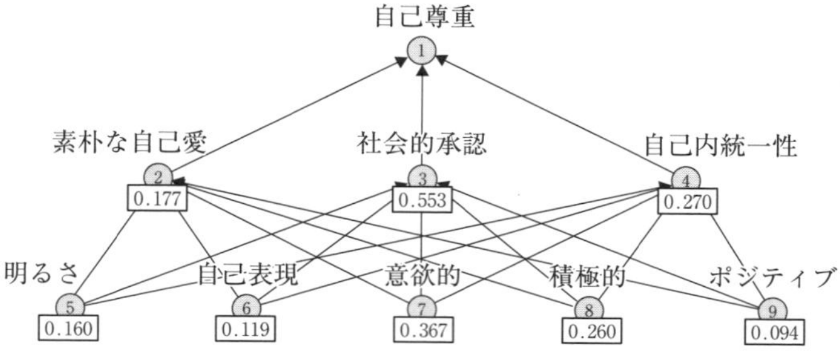

図 17　AHP 法によって求められた主観的重みづけ

一対比較した結果、求められた重要度から“意欲的”であることが、今の自分らしさの重要な質感であることを示しています。今の私的自己意識や社会的な自己意識よりも、自分らしさは、将来の経験的自己として統合することで見つかると思うので、確かにこれが今の自尊感情を支えていることには納得できます。

〈主たる学生の感想〉

① とても難しかった。自己に関する認識は他者との関わりがないと生じないことがわかった。漠然として捉えていた学びあいにおける他者の重要性が、自己の内面を探ることで明らかになったと思う。自分の顕在意識には不安が多いと思う。その原因は他者からのシグナルをマイナスイメージで受け止めてしまう傾向が強くなっているから、潜在意識には不安を生み出すような観念が多く沈殿してしまっているのだと感じた。だからこそ、極端な認知スタイルを見直していきたい。認知スタイルの改訂を試みてみると気持ちが楽になったが、認知スタイルを改善すると同じ現象でも違う現象として捉えるので、不安を生み出す観念は活性されないようになり、不安感が軽減したのだと思う。自己意識を自己が意識して捉えることは非常に難しいし、何かやってはいけないことのよう（パンドラの箱を開けるような感じ）に考えており、やりたくないと思っていたが、自己を発見することはやったほうがいいことだと思うようになった。

② 確かに、自分の辛かった経験を思い出すのは苦しいことだと思う。私は今まで、辛かった経験を思い出してしまったとき、全く別のことを考えるようにしたり、過去にとらわれないように、と考えたりして、あまりちゃんと向き合ってこなかったかもしれない。しかし、過去の経験から自分を知るということは、これからの自分に繋がっていくことだと気づけた。できることなら辛い経験をしたくない、と思うが、辛い経験をしないとわからないことや気づけないこともとてもたくさんあると思う。そしてそれは、良い経験だけしていても気づけないことなのだと思った。まだ学生である今の時期に、自己をしっかり見つめる機会があるというのは、非常にありがたいことだと感じた。人生経験が多くなればなるほど、思い込みなどの固定観念は強まってしまい、自己概念を再構築することは難しくなってしまうと思う。就職活動の際に、自己分析、自己アピールという言葉を散々聞いてきたが、ここでもう一度、過去の経験から自己を見つめなおすことは、必ずこの先につながると感じた。

③ 人格とアイデンティティの違いや、歪んだ認知スタイルが印象に残った。人間の意識がここまで複雑なものであるという感覚は明確には持っていなかったので、モデルを通してプロセスや発生する困難を学ぶことには強い興味を惹かれた。

（以上　2011 年度「問題解決学特論」受講生のアンケートより抜粋）

振り返り

この授業の特徴は、段階的に自己理解への態度変容を図っている点である。第１の導入段階が、EQ 検査をヒントとして行った同僚他者との対話、第２の本段階が、外在化した経験的自己との対話である。導入段階においては、学生は語り手だけでなく聴き手としての役割を担うことによって、しだいに双方の補完的役割の意義を理解した。そして、より主体的な学習態度へと変容していったように見受けられた。

なお、本段階においては、自己との対話を図るために意味ネットワーク視考支援システムを、さらに自尊感情を捉えるための補完的手立てとして ISM 理論による階層構造図と AHP 理論による効用加算ルールを採用した。これら規範的ルールおよびその融合は筆者の方法的仮説である。すべての学生の決定ルールに符号するとは思っていない。第１段階の EQ 理論の採用も同様である。有意性の最終的判断は当事者以外に依るべきではない。感想では方法に対しての言及はなかったが、理解が対話を繰り返すことで深まるとするならば、その限りにおいてこのようなやり方に有意性はあると考えている。また自己を見つめ直す機会となったという感想が多くあり、少なくともその点に関しては実効性はあると思う。

[主な出典]

1. Soft Systems Approach for Self-Study, *Journal of Japan Creativity Society*, Vol.13（2010 年）
2. 自分らしさのシステム思考、ナカニシヤ出版（2007 年）

第3部

組織学習開発の歩み
―関わり認識を共有する風土を形成するとは―

■大学改革のための広義FD運動

パーマー［2000］は、大学組織のあり方に関して情緒的な共同体、市民的な共同体、そして市場的な共同体を取り上げている。

今日の日本において情緒的な共同体の特質は、創業家世襲の私立大学に垣間見ることができよう。建学の精神や教育理念を最も重視しており、組織メンバーはそれを具現化するために協働する。良い意味で一致団結した組織である。その一方で、負の面として情緒的な暗黙的圧力が無いわけではない。組織員の親密さを重視するあまり教育の核心である“異質をうけいれること”を看過できない危険性もある。

市民的な共同体の象徴である独立法人化する以前の国立大学は、教授が対等な立場で緩やかに関わりあった共通の善を追求する共同体であった。一見、市民主義的な組織体ではあるが、ここでいう市民とは、学研共同体における教授を指しているのであり、現実的な社会に対し必ずしも開いていない共同体であったと言えよう。

近年、市場的な共同体へと、多くの主に私立大学において転換が進められてきている。CSM（Customer Satisfaction Management）を重視する共同体は、最大の受益者であるべき学生の満足度を高めるべくサービスを推し進めるという考え方をしている点で評価できる。しかし、市場主義的な見地からのみ教育を推し量ろうとすることには違和感を覚える。例えば筆者の学部時代の経験から言えば、卒業後、長年がたち、今最も感謝したいと思える先生は、当時は厳しくどちらかといえば嫌いな先生であった。課程の有効性を図る際には、前述したように時間というパラメータも必要である。社会人基礎力というスキルも実経験に繋げて振り返り認識できるものなのである。授業アンケートは教育改善にそれなりの効果はある。しかし、その使途が、教育改革の命題を掲げて教師同士がアンケートの内容をじっくり議論する契機としてではなく、むしろ個々人の教育技術の向上のためのものとなってしまっている。

筆者は、SSMに準拠した組織学習の研究を通じて、大学組織は、第4の共同体として**社会価値的な自己研究共同体**を目指すべきであると考えている。それは、社会的存在意義を問うために第三者の評価に臨むだけでなく、自らの存在意義を自問し続ける組織である。

以下では、この見解に至るまでの約9年間におよぶ研究のアクティビティについて述べる。

パーマーは、次のように述べている。「改革者たちは組織の抵抗を組織から離脱するためのばねとした。彼らは、既存の組織の外に対抗する勢力をみつけ、それを統合し、組織を変更するための『てこ』とした」。そして、そのために踏まなければならないステップを次の4つの段階として表した。すなわち、

第1段階：孤立した個人が組織の中で疎外に対して「NO」と叫び、組織の外で彼らの生活の中心を見つけようとする。

第2段階：複数の個人がお互いに共感し、相互支援や共通の目標を追求するための「共感の共同体」を形成する。

第3段階：複数の共同体が姿を現し、個人の支配と社会問題の関係を探り、検討を繰り返す。

第4段階：運動の方向性を定める「変革によるメリット」がはっきりし、既存の組織の改革への圧力をかけ始める。

である。

筆者は、大学改革のための**広義なFD運動**をこの理論に倣って行った。すなわち、組織学習の内部観察から、今度は多くの教師を巻き込んだ自発的活動へ、さらに大学組織内から学外へと活動を広げ、最後に大学内においてコーディネーターとして改革活動を調整し、自律化する方向へと促進を図った。それが、以下の4つの活動である。

2000年〜2001年　大学改革プロジェクトの内部観察

2001年〜2002年　自己点検活動の自発的取り組み

2002年〜2004年　問題の一般化と第4の共同体にむけての方法論的議論

2004年〜2008年　社会価値的な自己研究共同体のための関与

第1章から第4章で、それぞれの活動について報告する。具体的には、第1章では筆者が観察したある組織学習について述べ、第2章ではSSMにしたがって学習レシピを創造し、これを組織学習に応用している。また第3章においては、大学における組織学習の制約を発見し、これを解消すべく共生型の学習レシピを創造し、第4章において、これを軸とした自己点検活動を展開している。

＊なお、これらの記述は、『ヨコ型コミュニティ開発のための社会的アクションラーニングの方法』（海文堂出版、2004）の内容に2005年以降の活動を加えてアレンジしたものとなっている。

第1章

大学改革プロジェクトの内部観察

(1) 大学改革プロジェクトの動き

筆者が関わった大学は、小規模な私立の単科大学である。2000年の春、当時の学長が発起人となり、学科から当初7名の有志からなる大学改革プロジェクト組織を発足した。

以下に、このプロジェクト組織(略称:2000年プロジェクト)の活動を示す。

2000年5〜7月	プロジェクトリーダーのもと、プロジェクト組織の結成。SOHO構想に関する勉強会やIT業者によるデモンストレーションなど
2000年8月	全体組織(全教職員)へのプロジェクト組織による大学改革骨子の提示
2000年11月	全体組織へのプロジェクト組織による大学改革テーマ:新教育事業計画としてIT化構想の提示
2000年12月	プロジェクト組織による学園(経営サイド)への経常経費予算の請求、そして獲得
2001年4月	プロジェクト組織からIT教育事業として具体的に、WEB学習システム、マルチメディアなど教育システム、GIS(地理情報システム)などのイノベーション導入について説明 全体組織に対する協力要請
2001年5月	イノベーション投資に対する私学財団の教育補助金獲得に向けた申請書作成の全体組織への協力要請

(2) 教育的イノベーションの解釈枠の推移

土谷[1996]の学習サイクルモデルに従えば、全体組織のイノベーションに対する解釈枠は以下のように推移したと考えらる。

フェーズ1（～1996年）：傍観モード

その大学では創造的な学習はタブーで、前例と他大学の動向が判断の基準となり、その環境は所与であると考えられていた。組織内には自由対話が少なく、解釈枠の共約性が乏しいゆえに、個人の知識が組織的知識にはならなかった。

フェーズ2（1996年～1999年）：制約された観察モードへの進展

財政状況に関する漠然とした不安、組織としての生き残りへのあせりから、納得できる合理的な理由があれば頑張ってみようとする若手が現れてきた。自己点検自己評価委員会をとおして解釈枠の共約性が拡大してきた。

フェーズ3（2000年～2001年）：解釈枠の分岐

プロジェクトリーダーは、SOHOを中心とした情報教育環境の勉強会を開催する一方、これと並行して2000年プロジェクトの大学改革の理念に関する議論を行った。その過程において、“IT導入ありき”というやり方にプロジェクトメンバーが離脱した。そしてプロジェクト組織が先行しての発見モードへの取り組みでは、その理念とビジョンについて全体組織の真の合意には至らず、形骸化してしまった。その後、プロジェクト組織は共同研究体制へと移行し、プロジェクトメンバー相互の関係性は強まっていった一方で、離脱者を含む非プロジェクトメンバーは傍観モードに退行し、プロジェクト組織との解釈枠の共約性はより薄れてしまった。

解釈枠の分岐を表す教師の2003年の段階での個人的な採用過程を図1（a）のイノベーション採用過程モデル［ロジャーズ1966］を用いて示す。図1（b）は、同モデルの知覚されたイノベーションの特質の可分性、すなわちイノベーションを部分的にでも試すことができる度合いについて、プロジェクト組織メンバー7名と非メンバーの6名に分けてまとめたものである。○△▲×の順に度合いが低いことを表している。

マルチメディアなど最新機器、WEB学習システム、GISに分けての可分状況（採用に向けた取り組み）は、マルチメディア・コンピュータ最新機器が6名、WEB学習システムは1名と勉強会などへの参加による取り組みが若干名、GISは1名である。さらに教育への還元に関しては、コンピュータ実習科目として○印の5名が利用している。しかし、これに関しては当時は当然視されていた教育インフラ整備であり、従来から定期的に更新してきているいわばルーチンワークである。よって残り２つのイノベーションが、2000年プロジェクト提案の特徴的な教育イノベーションであるといえる。しかしWEB学習に関しては、プロジェクト発足から３年経った段階においても、学科の授業での実質的な運用はされなかった。導入を推進したプロジェクトメンバーでさえ、導入イノベーションの採用によるコンテンツ製作やその適用を行っていない。

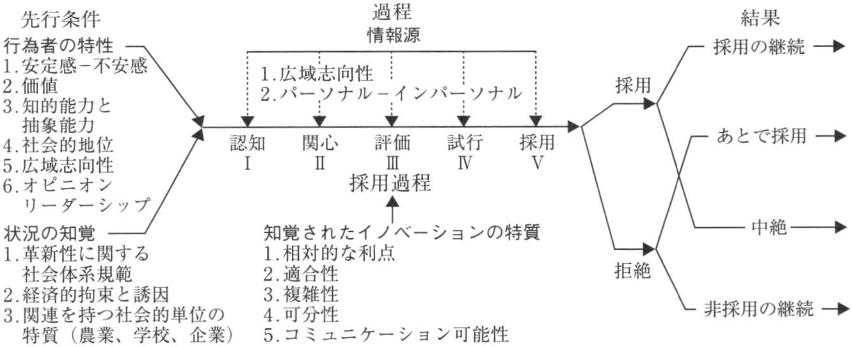

（a）イノベーション採用過程モデル［Rogers 1962］

		イノベーションの可分性		
		マルチメディアなど教育システム	WEB学習システム	GIS（地理情報システム）
プロジェクト	プロジェクトリーダー	×	×	×
	オピニオンリーダー	○	△	○
	メンバー（1）	×	▲	×
	メンバー（2）	△	▲	×
	メンバー（3）	○	▲	×
	メンバー（4）	○	▲	×
	離脱者⇒非メンバー（4）	－	－	－
非プロジェクト	非メンバー（1）	×	×	×
	非メンバー（2）	×	×	×
	非メンバー（3）	×	×	×
	非メンバー（4）	×	×	×
	非メンバー（5）	×	×	×
	非メンバー（6）	○	×	×
	非メンバー（7）	○	×	×

（b）個人のイノベーション採用状況（2000年度在籍者）
（補足）
相対的な利点：教育における導入イノベーションの優越性
適合性：イノベーション導入が過去の経験と価値観から矛盾しないこと
複雑性：イノベーションの理解の困難さ
可分性：イノベーションを部分試用したり運用できる力量
コミュニケーション可能性：イノベーションを他人に伝播できる度合い
○△▲×の順にその度合いが低くなる

図１　イノベーション採用過程

[主な出典]

1. ソフトな組織の多重に推移する解釈枠のアクションラーニング、社会情報学研究、第9巻1号（2005年）

第 2 章

自己点検活動の自発的取り組み

筆者は、組織内において関わりを創出するためのレシピを創り、自己点検活動として2001年に多くの教師を巻き込んだ自発的取り組みを起こした。本章では、その概要について述べる。

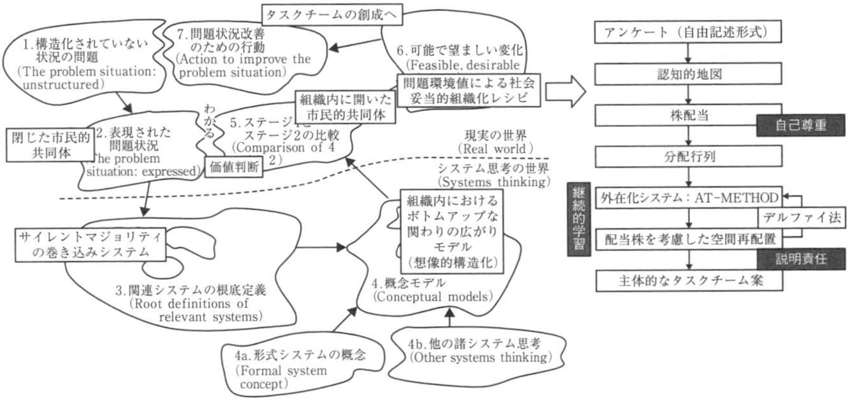

図２　SSMによる社会妥当的組織化レシピの創造

（1） 社会妥当的組織の学習レシピの創造

利害関係者（SH）の欲求情報を用いた組織化学習レシピを図3に示す。まず、利害関係者による問題状況のアンケートを行う。これをもとにコーディネーターによって全体認知的地図が作成される。これを共通の叩き台として各自の持ち株がその欲求に従って配当され行列に変換される。これにAT-METHOD（補足資料参照）を適用した組織構造図が表示される。利害関係者はこれをもとに

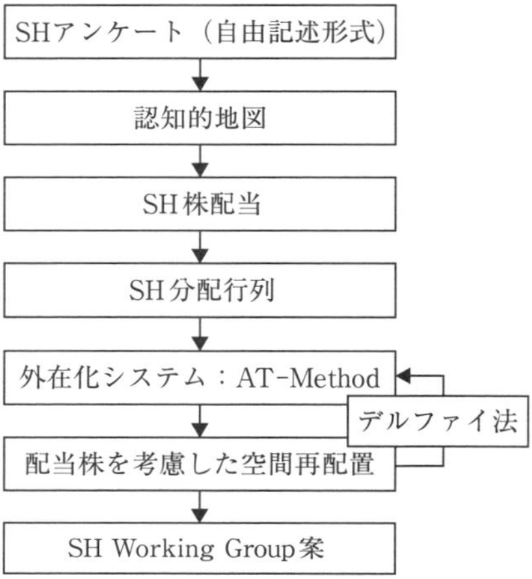

図３　社会妥当的組織化学習レシピ

同期的にデルファイ法［Linstone & Turoff 1975］に従って空間配置することで相互の関係性に照らしながらシミュレーションを行うことができ、最終的に潜在的オピニオンリーダーのグループが創生される。

例えば図４では少なくとも２つのワーキンググループ（WG、図中○枠）が考えられよう。一方は自己点検自己評価の促進オピニオンの支持グループであり、他方は４オピニオン（学生との共生、教員評価と適材適所、教務の改善、制度・体制の改革）への支持グループである。グループの同目的性や心的補完性を含むコミュニケーションを配慮したワーキンググループ（WG）を構成することへの説明材料となりうる。

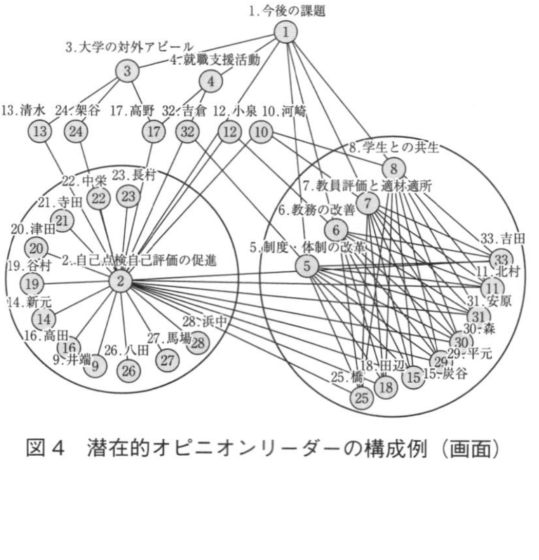

図４　潜在的オピニオンリーダーの構成例（画面）

（2） 認知的地図の作成

大学に所属する全教師から自由記述、無記名方式のアンケートによって68の意見を収集した。

筆者はコーディネーターの役割を担いアンケートをもとにKJ法に従い図解（図5参照）を作成した。島の大きさが関心のそれを意味している。自己点検自体の評価項目や作業に関する意見と制度に関する意見も多くあった。一方、教師に直接関連する活動については、学生との共生・貢献に関するものと教育活動に関する意見が多いことがわかる。

次に、筆者は、AT-METHODを用いて解決点に関する認知的地図を作成した。図6は、前述の意見から2000年において導入済みの意見、自己点検方法に関する意見、さらに容易に集約可能な意見を省いた要素を用いて、因果関係を中心にして図解したものである。この図より、制度、教務関係見直し、学生への貢献、就職支援の見直しを図り、これらを本学方針のPRとして最終的に推し進めるという基本路線を見いだすことができる。

（3） 社会妥当的な組織化

(a) SH分配行列（欲求の反映）

利害関係者（SH）への配当として1人持ち株数を6とし、認知的地図に分配した。評価はその簡易性から衆目評価法［川喜田1974］を採用した。実施は非同期的に行った。配当行列を表1に示す。最も獲得したのは「教員評価と適材適所についての要望」の中の“教員評価基準と研究体制の検討”（14株）および“教員の適材適所”（5株）と、「学生との共生に関する要望」の中の“学生への貢献の見直し”（12株）であった。

(b) 組織化におけるヒューリスティックな空間再配置

この行列を、セル値が1（株）以上をすべて1とするバイナリ行列に変換し、これに外在化システムを適用して構造図を作成した。次に配当のあった要望をコンピュータスクリーン上で放射状に空間配置した。そして同スクリーン上で利害関係者の位置関係を相談しながら操作した。その結果求められた組織化案のひとつが図7である。

本案では最も配当の多かった“教員評価基準と研究体制の検討”14株、“学生

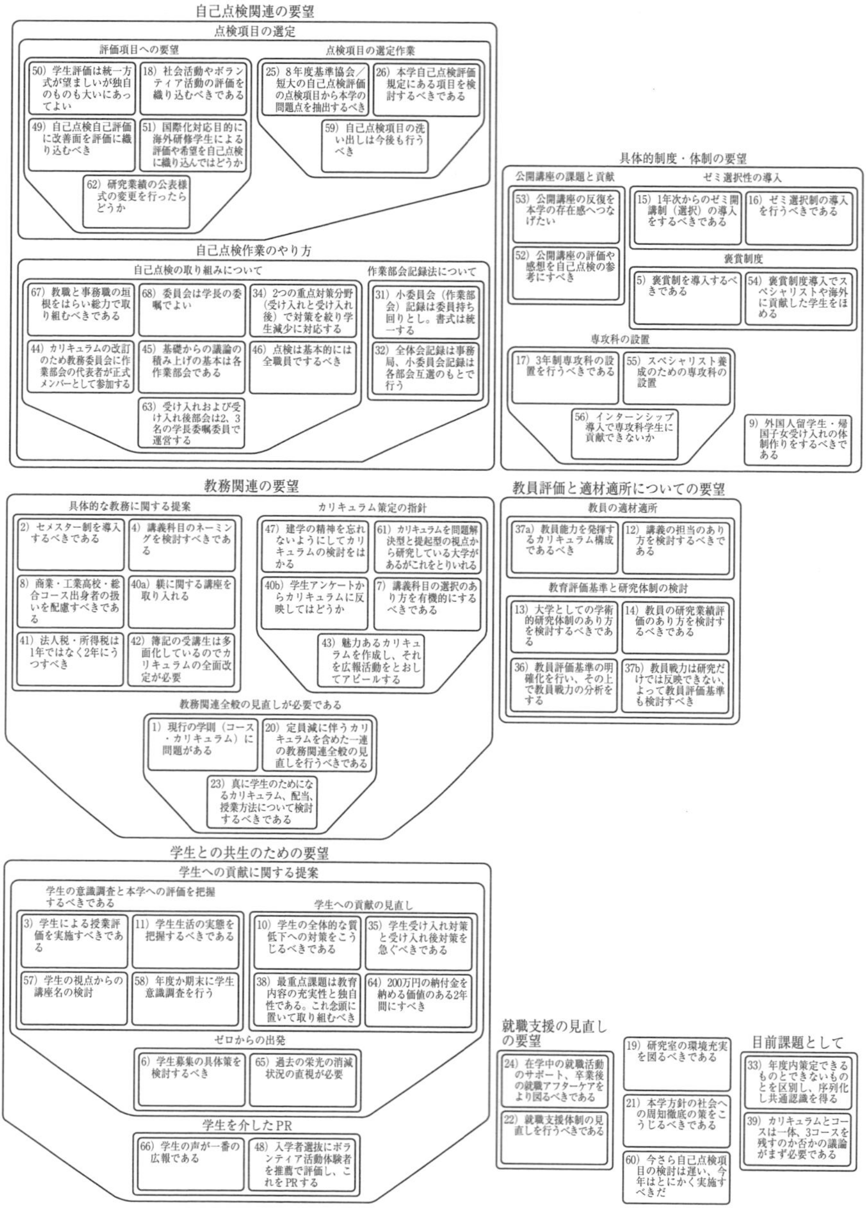

図5　大学改革アンケートのKJ図

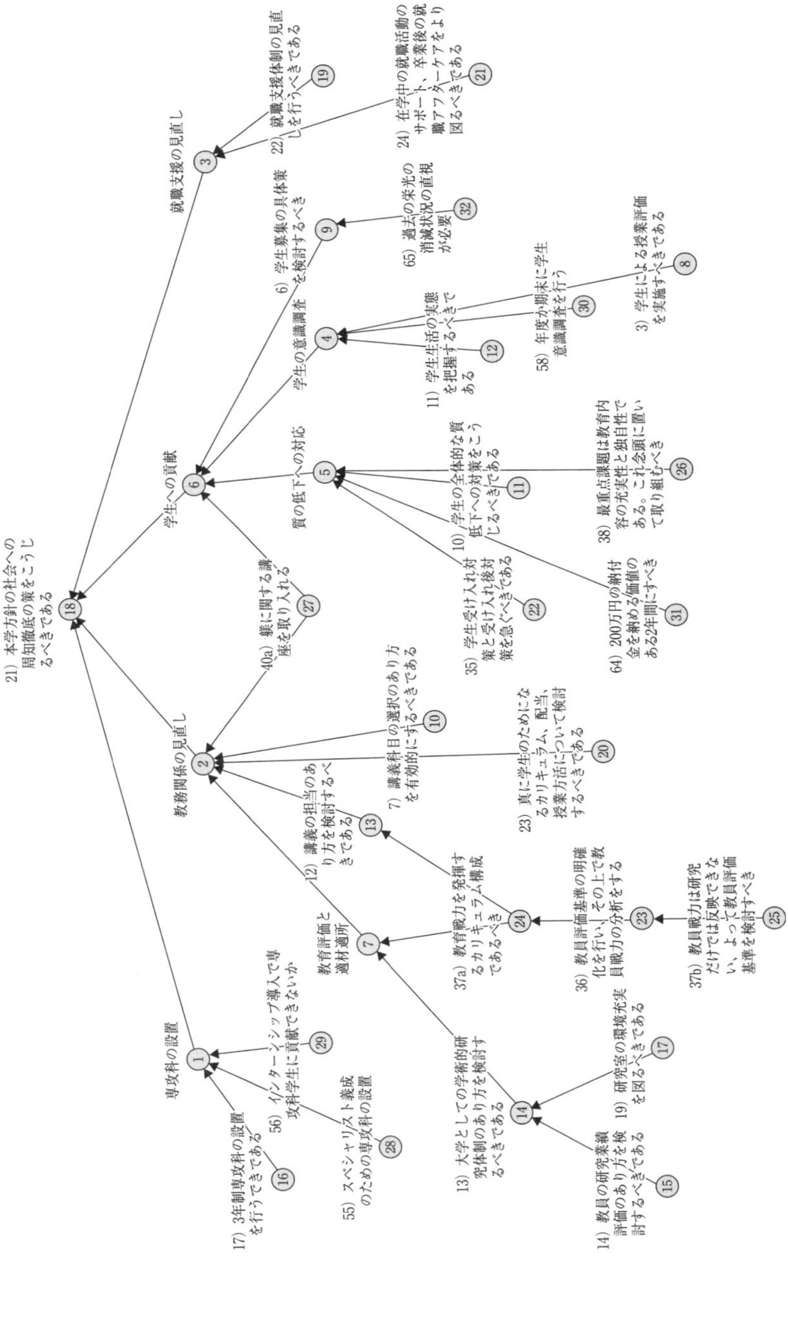

図6　大学改革の樹木型意味ネットワーク図

表1　SH株配当行列

要望／教員		01	02	03	04	05	06	07	08	09	10	11
第1部　自己点検関連の要望												
第1章　点検項目の選定												
第1節　評価項目への要望	3			1			2					
第2節　点検項目の選定作業	0											
第2章　自己点検作業のやり方												
第1節　自己点検の取り込みについて	0											
第2節　作業部会記録法について	0											
第1部小計	3											
第2部　具体的制度・体制の要望												
a　公開講座の課題と貢献	2			1			1					
b　ゼミ選択性の導入	1	1										
c　褒章制度	3	1				2						
d　専攻科の設置	2			1								1
e　外国人留学生　帰国子女受け入れの体制作りをするべきである	0											
第2部小計	8											
第3部　学生との共生のための要望												
第1章　学生への貢献に関する思案	2											2
第1節　学生の意識調査と本学での評価を把握するべきである	2				2							
第2節　学生への貢献の見直し	12	2	6							2	2	
第3節　ゼロからの出発	9											
第2章　学生を介したPR	1				1							
第3部小計	17											
第4部　本学方針の社会への徹底の策をこうじるべきである												
第4部小計	0											
第5部　教務関連の要望												
a　具体的な教務に関する提案	3			1		2						
b　カリキュラム策定の指針	1			1								
c　図書館・資料室の整備等高度専門研究活動の設備を充実させるべき	3							3				
d　教務関連全般の見直しが必要である	4	2				2						
e　建学の理念を重視した実学とプラスアルファとしての教養	2								2			
f　単位互換を有効に活用する	2								2			
g　地域密着型教育を志向しリカレントなどによる地域貢献を推し進める	2								2			
第5部小計	17											
第6部　教員評価と適材適所についての要望												
a　教員の適材適所	5							2		2		1
b　教育評価基準と研究体制の検討	14			1	3		3	1		2	2	2
第6部小計	19											
第7部　就職支援の見直しの要望												
第7部小計	0											
第8部　目前の課題として												
a　研究室の環境充実をはかるべきである	2										2	
b　今さら自己点検項目の検討は遅い、今年はとにかく実施すべき	0											
第8部小計	2											

(13名中2名は無回答)

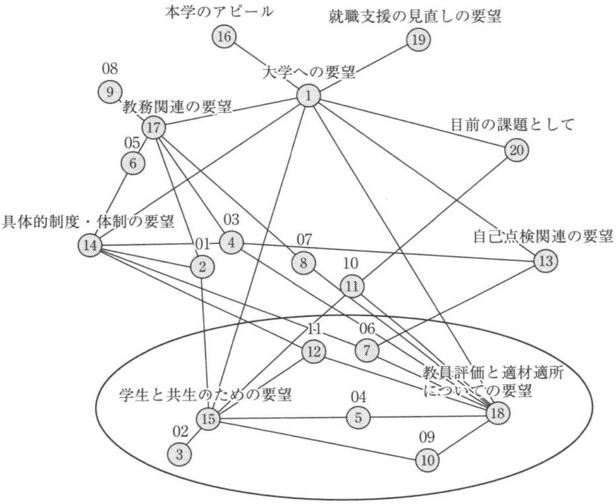

図7　デルファイ法による関わりの提言（画面）

への貢献の見直し”12株に着目し、○枠で囲んだグループ構成化が考えられる。この案は組織メンバーの同目的性に関しての説明力を有するだけでなく、その作成プロセスは、一過性ではあるもののデルファイ法に従って同期協働的に操作している点で、利害関係者から見ればガラス張りである。

したがって図7は“学生貢献のための教員資質の見直し”に関する学習組織化において社会妥当性を有していると判断したのである。

(c) 効果

ボトムアップの組織内活動から○枠内の有志等によって共同プロジェクト［研究テーマ：組織学習モデルによる高度な教養としてのSLO（Student Learning Outcome）を担保する教育の研究（私学財団学術研究振興資金　特別補助）］が発足している（実は、第2部の自己学習レシピのデザインは、この共同プロジェクトの活動と連携した取り組みである）。

［主な出典］

1. スコープ設定のための透明性を有したプロジェクト組織化法に関する研究、プロジェクトマネジメント学会論文誌、第7巻2号（2005年）

第3章

問題の一般化と第4の共同体に向けての方法論的議論

第1章で述べた組織学習の様相は、決して特異なことではない。我々教師の学事に対する認識からすれば、もし当事者として関わっていたならばどの立場にもなりえたことである。特に、大学行政の主流である計画の策定を急ぎその遂行を優先するPDCA（Plan・Do・Check・Action）という方法論をとる限りは、バラ色のシナリオだけが独り歩きして、現実と乖離した組織行動がとられてしまうという落とし穴に陥る危険性が高いのである。

当時日本の大学では、まだ自己点検活動は始まったばかりで、学習経験を共有する機会が多いとは言えない状況であった。そこで、筆者は、一連の貴重な経験をもとに自己点検活動に関する議論の拡大を始めた。まず、実際の経験を振り返り組織学習の課題として一般化し、これを踏まえた共生型の学習レシピ（ソフトプロジェクトマネジメント）を構築し、合意形成NPOや内外の学術会議におい

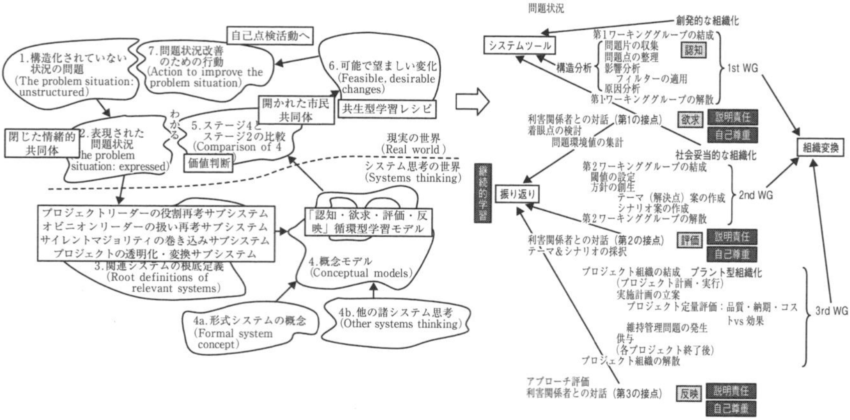

図8　SSMによる共生型学習レシピの創造

て提唱した。以下、その内容について述べる。

（1） プロジェクト型組織学習の課題

課題1：プロジェクトリーダーの役割

2000年プロジェクトのリーダーの役割は、結果的には“改革推進”という動機的イノベーションの普及促進者（Change Agent）の役割に過ぎなかったのではないかと考えている。

2000年5月の大学改革プロジェクト組織設立時、プロジェクトリーダーは、当大学の特徴の「近短小（近距離通学者が多い、短期大学だから志願してきている、小規模だからできることがある）」を活かすような趣意でプロジェクトチームを組み、動きたいとしていた。

プロジェクトリーダーは、この趣意で全体合意を目指しながらファシリテータ的存在として“総意”を重視した学習方針をとった。しかし、解釈枠共約性の低い全体組織にあって具体的な合意案の作成は難しく、しだいにプロジェクト組織さらにはその中で当初から具体的アイデアを有するオピニオンリーダーへ全権を集約させる方針をとってしまった。その結果、設立趣意と必ずしも符合しないオピニオンリーダーのイノベーションアイデアを採用し、プロジェクトのフォローメンバーに伝播されていったと考えられる。しかし、これは、社会的問題解決における代表的なミスマネジメントである。プロジェクト組織にとって利害関係者の合意の有無という事実よりも定員確保のための改革として実績を残したと見られることが重要であったと解釈する。

課題2：オピニオンリーダーに対する扱い

導入イノベーションは教育において受益者たるべき学生に反映されていない。よってイノベーション投資の何割かを授業料から割り振られながらもそれに十分見合う貢献を得られない在学生は、いわば受苦者と見るべきなのかもしれない。

では、いったい誰が大学規模にそぐわない多額の投資を費やしたIT教育プロジェクトの受益者なのか。この回答として多くの伝播学的研究から得たロジャーズ［1966］の見解を採用するなら、一般論としては最初にプロジェクトにイノベーションを提言・伝播した者である。ロジャーズは、これを棚からぼたもち式の利益（Windfall Profits）として、受益行動の動機づけにしている。GISなどによる防災共同研究については、2000年プロジェクトが発足する以前の1998年から検討が始まっている。また前述したようにプロジェクト組織自体が社会的意思決定の有力な手段と変容する中で、自身の研究を大学全体のプロジェクトの方向性に向けることは可能であると思われる。プロジェクトリーダーの役割誤認がそれをさらに容易なものにしたと考えられる。

ここで注視すべきことは、仮にオピニオンリーダーの研究に必要とされるインフラ環境整備予算を、大学改革プロジェクトのそれに抱き合わせたとしたならば、それは道義的に適切であったかである。つまりプロジェクト組織が導入に際して全体組織に説明した「ITイノベーションが教育のための公共財である」ことを踏まえて、受益者たるべき学生へと活かすかである。残念ながら、2004年3月の時点では確認できていない。

組織学習においてオピニオンリーダーが重要な役割を担うことは言うまでもないが、その関わり方を規定しなければならないと考える。

課題3：プロジェクトの透明性と変換

学習組織である2000年プロジェクトは、徐々に人間関係的な二次的弊害を生んだと考えられる。2000年プロジェクトのメンバーの多くは当初“善意の市民運動家”的立場、すなわち熱心なプロジェクトリーダーに力添えするスタンスであったと思われる。しかし、そのヨコ型集団は徐々に心的補完による擬似的タテ型社会に変容した。その原因はまず課題1で述べたプロジェクトリーダーのミスマネジメントによるところが大きい。

また促進要因として、第一にプロジェクトの帰属意識醸成［マーチ1977］の最大要因として“プロジェクト組織の威信”が働いたと考えられる。すなわち発起人が学長（プロジェクトリーダー）であることが、まずそれを付与している。さらに結果的に学科教師の約半数をプロジェクトメンバーが占めている点である。第二に学習過程において組織変換や第三者の実質的介入を行わず、全過程を同一のプロジェクトメンバーで遂行したことによって、同質型チームの弊害［小林2001］が発生したと考えられる。小林によれば、その特徴としてチームの決定が正しいかどうかよりもチームで決めたことに意味を持つため（利害関係者全体の意向とは関係なく）一方向に流れる傾向が強いことを指摘している。さらに小林によれば「それが長期に及ぶとお互いの傷を舐めあうもたれあい現象を起こしやすい。または見てみぬふりをし、不正を繰り返す癒着構造の温床になる」としている。

2000年プロジェクト組織は、その後もGISの研究チームとして続いたことによって、全体組織において潜在的に強い影響力を持ち続けてきた。そのことが、プロジェクト活動に対する本格的点検を先送りする一種の気働き的な風土を全体組織にもたらしたと考えている。

課題４：サイレントマジョリティの関わり

利害関係者をいわば悪意の受益者（過剰に利益を受けていることを知っていながらそれを享受する人）と暗黙的受苦者（漠然とした利益の不全性を感じながらも結果的にその不公平を許容あるいは我慢する人）へと変容させた。筆者は、サイレントマジョリティにも不作為の責任があると思っている。しかし、それ以上に直接利害が及ばなくても間接的に関わりのある人の割合が大多数であるにもかかわらず、ほとんどがその不公平に声をあげることをはばかり、いわば黙認してしまうような風土を変えるために働きかけを促す仕組みがないことが問題である。

課題５：教育的イノベーション検証の問題

本来組織学習プロセスの上流工程で行うべき利害関係者の合意形成を左右する改革理念や方針の設定が、下流工程で得られるべき具体的代替案につじつまを合わせる程度に後づけ的に扱われている。しかし、これをプロジェクト組織以外の全体組織へ伝播するためには、まず彼らに設立趣意とは異なる方針について改めて合意を図りなおさなければならないが、このようにプロジェクト組織の学習自体の動機づけに矛盾や曖昧さがあっては、全体組織には受け入れられない。たとえトップダウン的にイノベーション利用を制度化し講習会などを通じて要請しても、普及には至らないのである。実際、2000年発足当時プロジェクトに属していない教師は、講習会に参加せず採用していない。いわんや、ほとんどのプロジェクトメンバーでさえ採用の遅延・断念を生む結果となっている。

多額の投資をして、単に一部の個人・グループに対する知識やスキルの教育訓練をしても、それが全体組織の実践や方針、デザイン特性の変化として浸透しなければ効果が出てこない。しかし今回の事例では、全体組織だけでなくプロジェクトメンバーにおいても、全員ではなく一部にイノベーション採用を委ねてしまっている。

ここにも“箱モノ行政”と非難される公共的投資と同様、費用過小評価と便益過大評価の傾向という“推進側の思い込み”の問題がある。つまり導入のプラス効果（実は誰のプラスかの“誰”についての一貫性が曖昧になっている場合が多いのだが）の理想的シナリオばかりに目を向け、その実現に執着する。その一方で、導入以降の維持管理や利害関係者への公平な受益普及の認識は希薄となっている。さらに道路などの目に見えるものの投資と異なり、教育投資では、それが教師によって採用されさらに活用されるというソフト面が付帯条件となる。そして、これこそが教育効果に大きく影響する要因であるにもかかわらず、推進主体はこれを軽視あるいは楽観視してか、十分な議論をしない、あるいは先送りにしてしまうのである。

（2） 共生型学習レシピの創造

共生型の特徴は、第1部図4に示したように“組織の主張”だけでなく、“自分の関わり”がわかるという点である。関わり認識の拡大によって、シュッツ［1998］の同調（Concordance）が始まり、これを通じて組織アイデンティティがもたらされるのである。これを具現化した共生型学習レシピとして**ソフトプロジェクトマネジメント（略称 Soft PM）**を図9に示す。

Soft PMでは、サイレントマジョリティが、全体的プロセスに多様にコミットメントできる。つまり、プロセス当事者の多様性と、貢献に柔軟な主体的関わりあいを継続的に促す仕組みである。特に、第2章の社会妥当型組織の学習レシピとの違いとしては、それがいわば組織公認の活動チームを抽出しようとしているのに対して、Soft PMは、それだけでなく、組織内に生まれる疎外の危険性をできるだけ排除することに留意している点である。

認知：第1ワーキンググループは、すべての利害関係者から問題片を収集したのち、アプローチコーディネーターと問題点を整理し、それぞれに影響分析を行う。次に組織的な制約によってフィルタリングした後、改めて着眼点を顕在化した認知的地図として作成する。これが第1ワーキンググループの活動に相当する。

欲求：コミュニティ利害関係者との対話（第1の接点）では、問題環境値を利害関係者のすべての着眼点に対する効用値を集計したものと定義している。

これをもとに第2ワーキンググループが結成される。そこではまず同目的グループ内での

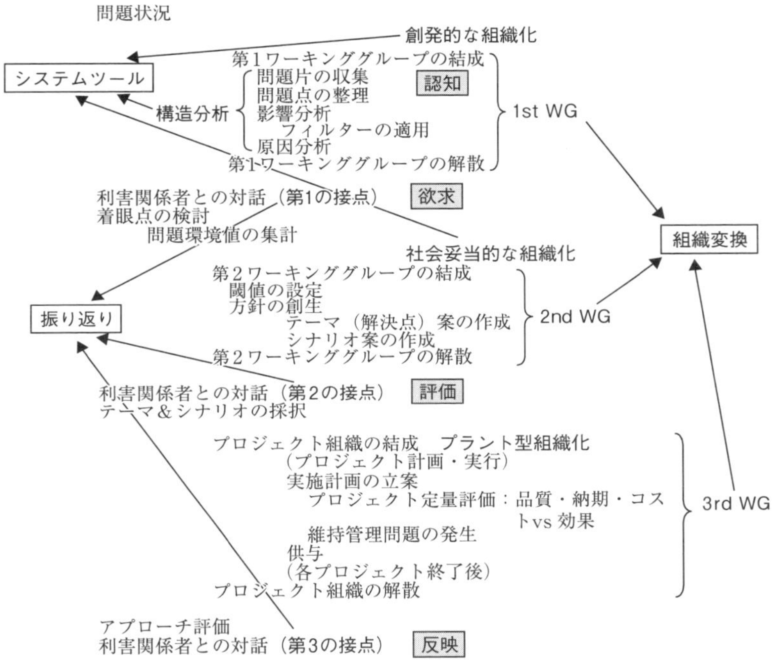

図９　ソフトプロジェクトマネジメント（略称 Soft PM）

フェースコミュニケーションを通して帰属意識の醸成を図る。その上で閾値《いきち》設定をシミュレーションしながら着眼点を絞り込む。そして、これらを叩き台としてメンバー相互の調停を図りながら新たな方針を創生する。方針が定義されれば、具体的企画テーマ（解決点）を分析的に洗い出し、専門家によるテクノロジーアセスメントを通じた実行可能性に照らしながら望ましいシナリオ案（課題計画）の作成に努める。ここまでが第２ワーキンググループの活動である。

評価：第２の対話（第２の接点）では、方針に対する合意とこれをもとにした複数の企画テーマ＆シナリオからの採択が行われる。

この結果をもとに新たにプロジェクトメンバーが召集される。その活動として、採択シナリオをより具体化した計画案（実施計画）を作成する。とくにこの過程では、定量評価予測すなわち品質・納期・コストに対する効果だけでなく、維持管理問題に関する予測と対応を視野に入れた検討を通した調整が図られる。そして、実施システムが供与される。

反映：第３の対話（第３の接点）では、アプローチに対するアカウンタビリティの充足性、問題環境値の変化（満足と解釈枠の推移）についての利害関係者の振り返りが実施される。これによって新たな問題状況が検知され、次の循環として、ガイドラインの最初・中途プロセスに総意によってフィードバックする。

ガイドラインの特徴は、3つの振り返り、3つの組織変換、そして組織化と構造分析における外在化システムの活用である。

組織変換に関しては、ドラッカー［1974］の責任型組織[1)]とEspejo［1996］のワーキング組織変換の考え方を採用している。また、振り返りは、個人とワーキング組織、全体組織での多重学習による解釈枠の変化を捉え、アプローチが独走・逸脱しないための手段である。外在化システムの活用はそれらを支援するためのものである。

従来の参加型学習レシピは、ワークショップのように全員参加が前提であり、そこでの合意形成は社会的問題解決の解に対しては予定調和的であった。これに対しこのレシピは、組織規模の拡大に伴う全員参加学習の制約を回避し、かつ社会的問題解決に向けた弁証法的プロセスの負荷の緩和を図るものである。そして合意形成としての重きを、解自体ではなく参加者がガイドラインにおいてとるべき改善プロセスに置いている。

このガイドラインは組織学習の規範的基準ではない。それは、参加者の解釈枠やその推移を定性的な（公共）財と見なし、ガイドラインに準拠するほど参加者のプロセス合意性を高め、よって定性的財の公共化に寄与するという仮説としての緩い指針である。

（3）　解釈枠共約化の指標

ワーキンググループ（WG）と利害関係者の解釈枠の共約性を高める手段として“問題認知（認知的地図）”“欲求サイン（問題環境値）”“振り返り”を設けた。これらを互いの接点として共有する。

認知的地図：問題認知は、目標と現状のギャップを意味する。問題環境とは、複数の問題認知から形成された集合体である。これは、つねに変化している。ここで取り上げる認知的地図は、一時的に人と人が共通の状況に置かれた問題環境の想像的構造である。これが最初の討論の接点（Platform）となる。

問題環境値：問題環境値とは、社会的（Societal）な問題意識の価値を表す。これまで我々はこれを無価値として扱ってきていた。しかし、例えば「この問題を解決してもらえるなら○○円払ってもいい」といった経験は、振り返れば多くの者が持っている。問題ごとの貨幣的価値観は、総体化すれば社会的なシンボル環境を定量的に表すものとなり、これは解決アクションの動機づけや公的正当性を表すための重要な指標となりうる。第2WG組織化や、それ以降の接点での振り返りでも要となる値である[2)]。

第３の接点の振り返り：前述したソフトなプロジェクトの評価指標として活動の満足性とモチベーションの変化がある。したがって、これらの振り返りが第3の接点であり、またSoft PMの最終的評価となる。点検内容はWGメンバーとそれ以外の利害関係者では異なる。前者は帰属性を中心とした振り返りであり、後者は被説明者としての理解と参画者としての満足に関する振り返りである。

WGのチェック項目

〈同目的性〉
他のWGメンバーと目的を共有できたか？（最大のポイント）
〈コミュニケーション性〉
意思疎通がうまくいったか？
〈満足性〉
振り返りシート（Thinking Backward Sheet）
- 話し合いが十分理解でき納得できたか？
- 他のWGにどんな感情を持ったか？
- アクションの結果、問題環境値の変化はどうなったか？
  着眼環境変化＝新問題環境値／旧問題環境値
  　この値が1以下になれば満足傾向にあることがわかる。また、維持管理問題が発生すれば新環境値に加算され、満足が減少する。

〈リーダー性〉
自分の意見を反映することができたか？

利害関係者のチェック項目

〈説明責任への評価〉
アプローチドキュメント（Approach Documentation）
- 対話接点での議事録（Richness of Verbal Documentation）
- 言葉以外の外在化性（Richness of Non-Verbal Externalizations）
- WG関与明確性（Clarification of WG Involving）
- プロセス連続性（Continuity of Causal Relationship）

〈満足性〉
振り返りシート（Thinking Backward Sheet）
- Soft PMアプローチのドキュメントが十分理解でき納得できたか？（最大のポイント）
- 他の利害関係者あるいはWGにどんな感情を持ったか？
- アクションの結果、問題環境値の変化はどうなったか？
  着眼環境変化＝新問題環境値／旧問題環境値

[主な出典]

1. A Guideline for Soft Project Management: The Role of Approach Coordinator for Faculty Development, Proceedings of ProMAC2002 (International Conference on Project Management), Singapore（2002 年）
2. ポスト近代的コミュニティのための参画デザインモデル：社会的アクションラーニングの研究、PI-Forum 誌（創刊号）特集「合意形成研究の多様性」（2004 年）

[注記]

1)　ドラッカー［1974］は、組織の形態として、職能別組織、チーム型組織、分権型組織、疑似分権型組織、システム型組織、さらに責任型組織を指摘している。

ドラッカーによれば、「職能別組織とは、営業部や人事部といった縦割り組織で一般的によく見受けられる形態である。…〈中略〉…チーム型組織とは、明確な目標実現のために構成されたメンバーがそれぞれ専門性を有したプロジェクト型の組織である。…〈中略〉…分権型組織とは、○○事業部といったように本社から自立した事業として組織したものである。ただし、事業を個別にすることが難しく、職能別組織としても規模が大きすぎる場合に疑似分権型組織とする場合がある。…〈中略〉…日本の民間企業においては、基本的認識構造も階層的であり、その点から違和感のない、以上の組織形態が大きな割合を占めている。一方、多国籍企業や、大学のように、多くの異なる価値観や社会変動にさらされながらマネジメントしなければならない場合は、これらの形態を体系的に融合したシステム型組織が機能する」としている。

以上から、共生型の組織としては、システム型が有効であると思われる。

ただし、システム型の問題は、学習の安定性に欠け、メンバーの高い責任感と自律性が前提となる点である。したがって、これら２つの制約をどのように解決するかがポイントと言えるのである。

これに対してドラッカーは、第６の組織形態として責任型組織をあげている。すなわちメンバーに高い自律性と、同時に責任を担わせるフラット型の形態である。この場合、組織学習がうまくいくかどうかを左右する存在としてリーダーをあげている。

2)　問題環境値の発想は、世界遺産である、バヌアツ共和国にあるロイマタ酋長の領地にあり、400 年たった今でも続いているナフラック（部族）に由来している。ロイマタという人物が、それまで抗争を続け、互いの死肉を食するほど憎み合ってきた人びとに対し呼びかけ、自分の大切なモノを持って一堂に集めさせ、例えばそれがココナッツであったなら、それらの人びとをココナッツ・ナフラックとし、これまでとは異なる部族を新たに構成したといわれている。つまりこの戦術によって、各人に対し自身の価値観を宣言させ、さらに価値観を共有させることで相互尊重のコミュニティが作り上げられたのである。

問題環境値も同様に、メンバーの価値観を表明させることによって関わりを意識させること、さらに、それを尊重する形で、相互尊重を行うことにも有効であると考えている。

第 4 章

社会価値的な自己研究共同体のための関与

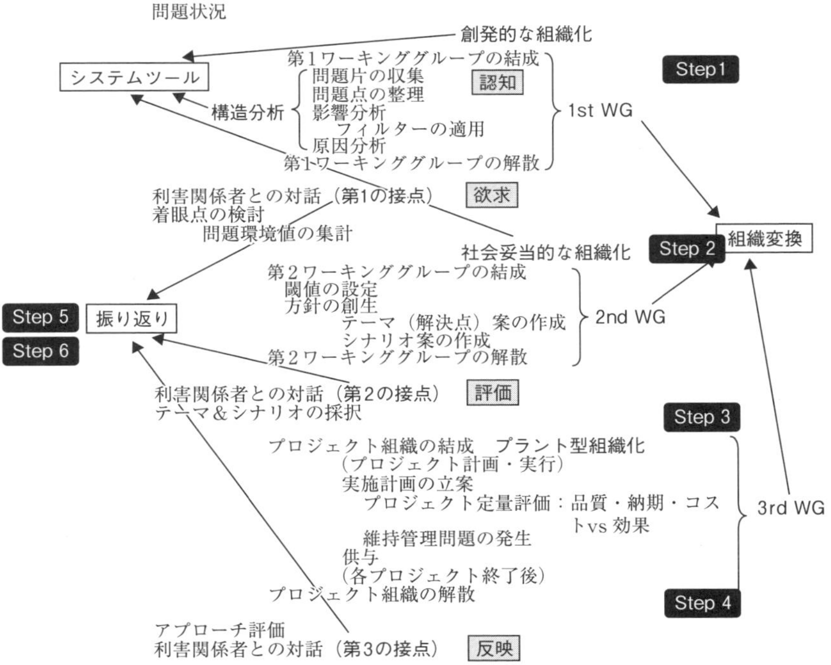

図 10　共生型学習レシピの適用ステップ

Step1　前年度自己点検自己評価報告書の作成
Step2　自己点検 WG による課題点検・答申
Step3　執行部（教務部・学生部等）による改善活動
Step4　報告書作成 WG による報告書の執筆
Step5　報告書の検閲WGによる検閲
Step6　報告書の公開WGによる公開

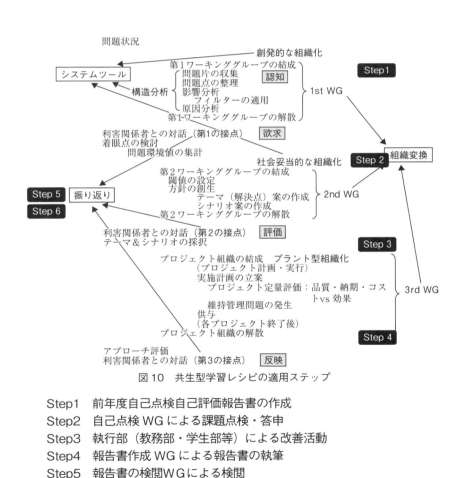

筆者は、2004年から第三者認証評価調整担当責任官（ALO）という第三者評価作業が円滑に行われるため調整をする責務を果たし、大学において自己点検自己評価と第三者評価の意義を普及する役割を担うなかで、当該大学に対し共生型学習レシピ（ソフトプロジェクトマネジメント）を軸とした自己点検活動を促進した。そして、2007年から2008年にかけて以下のような全学的取り組みを実現することができた。

Step1　(2007年度上期）前年度自己点検自己評価報告書の作成
Step2　(2007年10月中）自己点検WGによる課題点検・答申
　　点検項目一覧表の開示
Step3　(2007年11月～2008年3月）執行部（教務部・学生部等）による改善活動（教授会にて逐次経過報告）
Step4　(2008年3月～4月）報告書作成WGによる報告書の執筆
　　文責者による執筆と、学長によるとりまとめ
Step5　(2008年4月～5月）報告書の検閲WGによる検閲
　　第三者による校閲（ALO、評価委員、外部第三者を含む）
　　報告書作成WGへフィードバック
Step6　(2008年5月末）報告書の公開WGによる公開
　　(2008年6月中）第三者認証機関への報告書提出

成果を示すと、次のようになる。

パーマー［2000］は、「教育学者は、教育改革に自らコミットメントすることで自分の教育理論を教育実践において内在的に関わる臨床的自省的な理論へと変えることが可能となる」と述べている。筆者は、2000年プロジェクトの反省に立って学習レシピを組織に適用し、自己点検自己評価活動において学びあいを調整することができた。特に、単年度サイクルでほぼ全教師が関わって行う自己点検活動の実行可能性を示すことができ、さらに自己点検自己評価（報告書）は、7年に一度の認証評価のためよりも、むしろ自己改革に活かすための手段であるということに共通の理解を図ることができたと考えている。

筆者の学び

2000年から2008年にかけての一連の取り組みを通じて、“自己点検自己評価活動の最大の成果とは、直近の課題解決の良し悪しだけにあるのではなく、むしろサイレントマジョリティも巻き込んでの当事者的学習の繰り返しの中で、関わり認識を共有する風土へと変容したことである”ということに関して全体的な理解を得ることができた。筆者は、これこそが学びあい教育の要とするべきではないかと確信した次第である。よって後述する学びあいの教育的応用に際しても、優れた答えを出すことより、むしろ説明責任を果たしながら関わりあうことで“組織と対峙した私”から“チームや組織の中の私”というものの見方へ、さらにその視点に立った意味づけの変容に気づかせることが主眼となっている。

■組織学習の教育的応用

第5章

学校改善策の協議

授業目標	エンパシーを持って問題状況を把握し、潜在的当事者として提言する。

（1） 対話型学習レシピの創造

学校問題の現状から改善の方針を図るにあたってISM法と衆目評価法を併用することで、問題構造との価値づけを共有することが可能となる。

図11の対話型学習レシピは、第1部図5の学びあいの概念を原型としている。オブザーバーとしての個人的理解と組織のインサイダーとしての理解を円滑にするために対話という歯車を噛み合わせている。フェーズ1の自己との対話から、

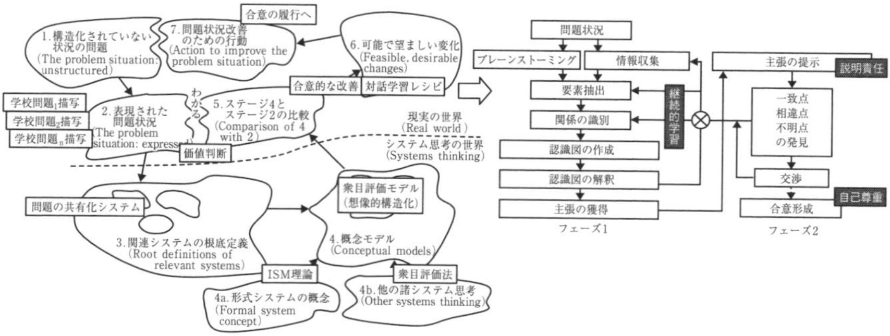

図11　SSMによる対話型学習レシピの創造

フェーズ2の他者との対話に移行する。ここではメンバーとしての主張が提示され、対話を通じて一致・相違・不明点が明らかになる。そして必要ならばフェーズ1に戻り、改めて関係識別や要素について再考する。あるいは互いに曖昧になっている点について問答を通じて思惟する。以上のプロセスを通じて相互理解と合意に向けた変容を図る。

（2）学校改善策の学びあい

本項では、ある高校の現場教師の声をもとに、潜在的当事者として、そこでの問題状況を把握し、課題を抽出し、提言する実践を紹介する。クラスメンバー51名の学生が複数のチームに分かれて参画型学習レシピを次の3つのステップにわけ実践した。組織提言の合意（案）までの展開を以下に示す。

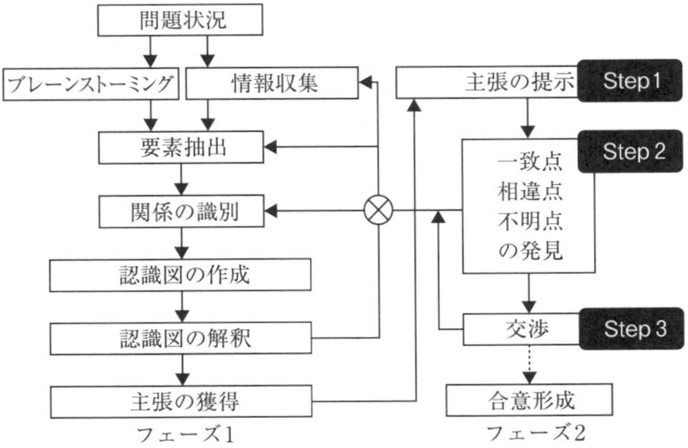

図12　対話型学習レシピの適用ステップ

Step1　アンケートのチーム理解図作成と課題解釈
Step2　社会的提言の留意点に配慮した改善案の提言
Step3　組織的代替案図の作成と合意的対策の創成

教師がアンケートに記した意見は以下のとおりである（自由記述）。

手をかけるとそれがあたりまえとなり、更に手をかけなければならなくなる。
不登校生徒への積極的な支援。
3部（Ⅰ部・Ⅱ部・夜間部）の交流。
夜間部への教員配置。
生徒の自己達成目標が低い、努力して上を目指そうとしない。
単位さえとれればいい。
卒業できればいい。
学力をどうつけるか。
生徒の主体性をどう高めるか。
学習の目的意識を持たせ、日常の学習意欲の向上、学習習慣の定着につなげる方策がないものか。
多忙化。
生徒の学力の差の拡大。
朝に弱い生徒が多い。
会議が長い。
お金を払わない生徒や保護者。
出た意見が反映されないこと。
一部の人への業務の偏り。
生徒が単位認定のギリギリの日数しか出席しない。
言った者勝ちの決定ではなく全体を見ての決定が欲しい。
多様な生徒の在籍による多忙化。
学習意欲のない生徒による悪影響。
あまりに自己中心的で、他を思いやることがない。
研修会が多い → 希望制のものに。
会議が多い。
本校で学んだ誇りと自信が低い。
達成目標を数値化することに問題を感じる。数値化しにくいことまで数値化して無理して順番をつける。
夜間に学ぶ生徒が少ない。
早く成果を要求されすぎる傾向に対する改善策が必要。
パワーアップを求められ、パワーダウンになるのではないか。
自立の意識の育成と対策。
一つのことに時間をかけて仕事ができず、次から次へと追い立てられている。
新しいアイデアなどを受け入れる風土に欠けている。
特別講座（社会人の方との授業）をもっと効果的にする。
多様な学習段階の生徒に対する授業のあり方をどうするか。
生徒が多様化しており、それぞれのニーズが異なり一人ひとりの期待に応えようとすると無理がかかる。
教師間がもっと共通課題をもって日々の教育活動に取り組めないのか。

Step1　アンケートのチーム理解図作成と課題解釈

図13は、あるチームが作成したアンケートの理解図である。学生たちはこれを以下のように記述している。

《意味ネットワークの図解》

高校における課題は、教師側の課題・生徒側の課題に二分される。

教師側の課題としては、学校運営と教師多忙化の課題がある。学校運営の課題としては、新しいアイデアを受け入れる学校風土・会議への課題、達成目標を数値化することへの課題・成果要求が早すぎることへの不満などが含まれる。提案された解決策としては、教師間でもっと共通課題をもって日々の教育活動に取り組むことがあげられた。

生徒側の課題としては、自信と誇りの低さ・学力の課題・学習意欲向上の課題・自主自立の課題・生徒の多様化に伴う課題があげられる。特に、学習意欲の向上に関する課題では、「卒業できればいい」「単位さえ取れればいい」という学習意欲の低い生徒がいること、また、学習意欲の低さがほかの生徒へ悪影響を及ぼしているという課題があげられ、学習の目的意識を持たせ、日常の学習意欲の向上、学習習慣が定着するための教師の指導が必要であるという意見が出された。

《解釈》

全体を通してみると、この高校における課題は生徒の多様化に伴って、教師が多忙化し、学校の効率性が重要視されている。そして教師間の共通課題意識やチームワークがうまく発揮されない環境を作ってしまっているのではないだろうか。また生徒も、効率化を目指す学校経営の中で、自分が個人として教師の興味や関心の対象であることを感じられず、自分なんてどうでもいいんだという思いを持ってしまっているのではないか。それが学習意欲の低さや、教師への依存、更なる教師の多忙化といったジレンマを生み出してしまっているのではないか、と私たちは思う。

Step2　社会的提言の留意点に配慮した改善案の提言

〈社会的提言の留意点〉

- 相手に十分理解できること（理解可能性）
- 事実を述べていること（真理性）
- 相手やそれを含む社会的関係の上で適切であること（正当性）
- 誠実であること（誠実性）

（対話の条件［ハーバーマス 1985］より）

この学生チームは、上記の社会的提言の留意点である理解可能性・真理性・正当性・誠実性に留意して、以下のような提言を行った。

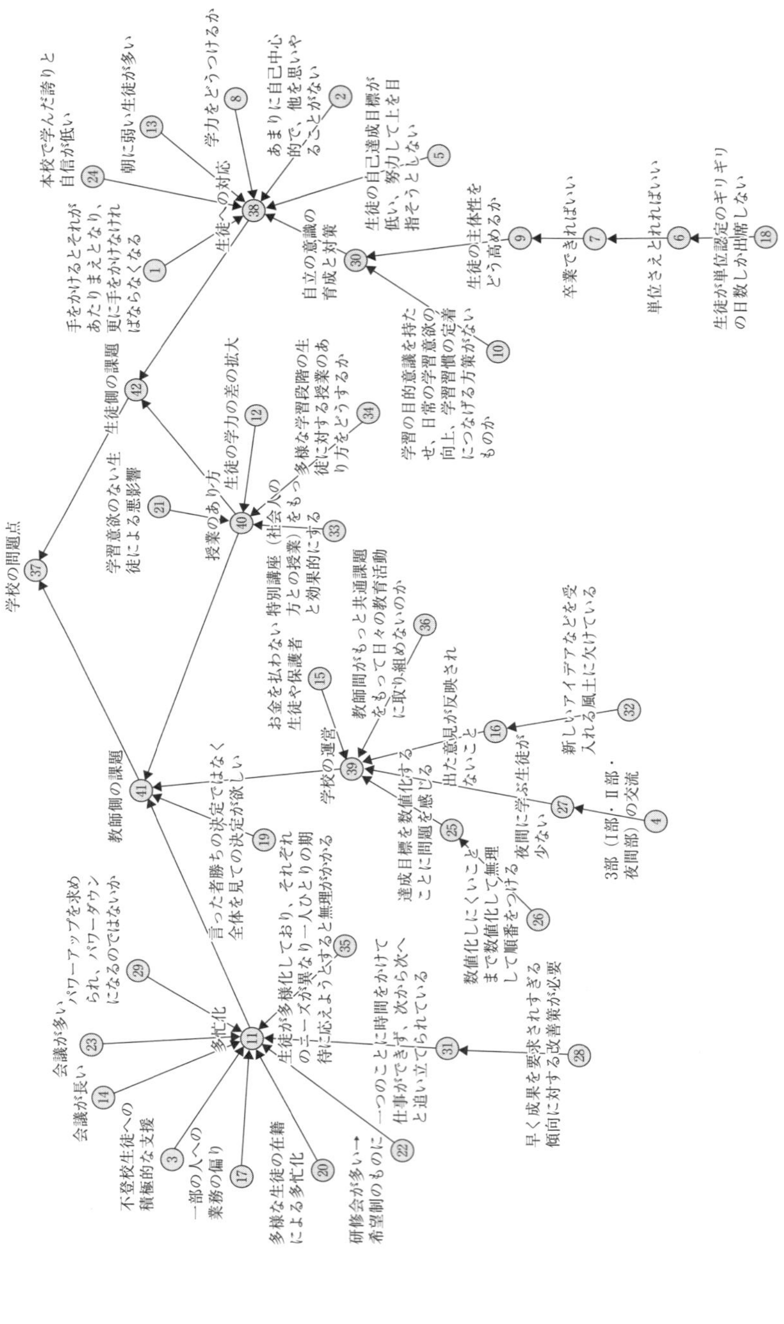

図13　教師意見の意味ネットワーク図

提言１

このような概念図を使って、教師全体が、教師側の課題、生徒側の課題の全体把握をする。そして、それぞれの解決策と自分がどのようにその解決策に取り組むのかという提言を匿名で書いて教師間で共有する。会議を開き、どの提言が現実的か話し合う。

提言１の理由：教師全体が学校の抱える課題について考え、課題解決のための共通意識を持つことが最も重要であると考える。この学校のように、会議が多すぎるなどの時間的な拘束が教師をさらに多忙化させるのなら、一人ひとりが文書に書いて、匿名で回す仕組みを作ることによって、気兼ねなく自分の意見を表明することができるのではないか。

提言２

管理・評価する立場からではなく、一人ひとりの教師が生徒との信頼関係を築くために何ができるかを自発的に話し合う機会や啓蒙しあえる場所を設ける。

提言２の理由：生徒は、自分がただ事務的な関わりの対象であると思うと、学校にも来たくないし勉強も強いられていると思って学習意欲がなくなる。だから、教師が生徒一人ひとりに関心を示し、生徒との信頼関係を築くことを第一に心がけることで、生徒の学習意欲や自主性、自立性が育っていくと思う。自分を大事にしてくれる、自分を信じてくれる先生がいるなら、生徒も学校に来たいと思うはずである。生徒との信頼関係が築かれれば、学習意欲の低下 → 学校の評価志向 → 教師の多忙化 → 生徒への悪影響というジレンマはなくなるのではないだろうか。生徒を変えたいなら、まず、教師自身が変わらなければいけない。実は、それは教師にとっての自己実現ではないかと思うのである。

G4

同様にして他のチームも以下のような提言を行っている。

〈他 16 チームの提言とその理由〉

G1 提言

①　しっかりとした目的意識を持たせて学習に取り組ませる。

理由：生徒に学習に関する目的を持たせることで学習意欲を向上し、さらには学力まで向上させることができる。

②　学校全体で文化祭や体育祭などの活動を企画し、交流を深める。

理由：仲間意識が高まることによる生徒の学力向上、教師の公平な意見交換や作業の効率化の経験、地域社会との交流のきっかけづくりができる。

G2 提言

①　外部の人を学校に呼び込み、生徒にとっても教師にとっても刺激となる活動時間をつくる。

理由：生徒と教師の両者の自立意識を外部による刺激によって育成することができる。生徒・教師間で感じたことを共有し、考えを深めあうことも可能。

②　生徒の学習意識・意欲を引き立てるために休日の使い方を教師側で提案する。

理由：生徒の学習意欲の問題は家庭の問題でもある。学習意識につながる事柄（具体的には将来の夢など）

を考えさせ、普段から少しでも潜在的に学習意識に目を向けさせることが、後に学習意欲を大成することとなる。

G3 提言
① 生徒、保護者、教師間で学校の現状、問題について話し合う機会を設ける。
理由：よく生徒と教師、保護者と教師という話し合いは行われているが、なかなか生徒と保護者と教師という話し合いは行われていない。お互いに誤解をもつことなく、意見交換ができる。
② 生徒が「自己について」成長できるような時間を設ける。
理由：生徒同士が自分たちの学校や学級の問題について探求し、解決する方法を考えていくことも大切。主体性・自立性を身に付けるために自らを養う力を育むことが必要であるから、生徒中心で運営される話し合い活動などを行う。

G4（前述）

G5 提言
① 大学生 TA を取り入れる。
理由：教師の指導力を基礎から高められ、同時に教師の多忙化の対策にもなる。大学生 TA は学生の学力の差を埋める手助け、多様化する生徒の対応を親身にしていく。
② 大学や社会の人とのつながりを持つことで学校内の問題を学校だけで対処しようとするのではなく広い意見や幅のある対処が可能になる。生徒を高校だけが教育するのではなく、社会という広い枠の中で教育する。
理由：生徒は様々な人と接するなかで広い視野を持ち、自分が社会に出た後のことをイメージしやすくなり、主体性を持って学生生活を送れる。

G6 提言
① 教師間で問題を共有し、多忙化の解消を図る。
理由：教師間の仕事の偏りの是正が望まれるとともに、教師の負担も減少すると考えられる。
② 懇談会等で家庭に学校の問題を理解していただき、問題の解決を図る。
理由：教育は学校だけでなく、家庭でも行われるものだという自覚を保護者に持ってもらうことが重要である。家庭に協力を仰ぐことは、教師の仕事を減らすということではない。

G7 提言
① 諸問題を一つひとつ改善してみる。
理由：多忙化を生み出す多くの問題を一度に改善することは不可能である。そのため、小さな問題からひとつずつしらみ潰しに改善策を行うべき。漠然となりがちな大きな問題では、教師一人ひとりが親身になって向きあい、改善できる点から取り掛かる。
② 教師同士の協力体制を強化する。
理由：一部の人に業務が偏る原因として、教師自身が行うべき仕事の範囲を曖昧にしている点があげられる。教師個人の業務内容を明確に把握し、個々の業務的負担を軽減するべき。

G8 提言
① 会議で出た意見等を一つひとつ確実にするために、長期的な計画を立てる。また、その会議とは別に、教師自身が抱えている問題や意見を出す場を設けておく（意見を出す場は、直接的な話し合いの場ではなく、意見箱のようなもの、或いはブログ形式などでも良い）。
理由：多忙化の中で、まずは会議自体を見直す必要がある。会議とは別に意見を出す場を設けておくことで、会議までにその意見をまとめておく、あるいはその意見を教師一人ひとりが確認しておくことで会議の進行がスムーズに進む。
② 教師側、生徒側それぞれが目指していることをお互いよく理解しあったうえで、生徒一人ひとりの学習での目標を明確にする。
理由：生徒の学習状況はどうなのか、生徒は何を必要としているのかを教師が十分に理解する必要がある。教師側も生徒にどうなって欲しいのかという目標を伝え、互いに理解しあうことが大切。生徒一人ひとりのことを良く理解し、それぞれの生徒に合った目標を立てれば無理なく目標に向かっていける。

G9 提言

① 生徒や教師だけでなく、家庭や地域住民も学校経営に関わっていくとよりよい学校になっていくのではないか。

理由：今までの学校教育では、教師と生徒間の中だけで問題に向きあおうとしたために、このようなさまざまな問題が起こってしまった。家庭や地域住民など従来になかった新しい方向からの助言や意見などをもらい、取り入れていくことも必要。

② 生徒の学力をつけるために、同じ学力レベルでグループ分けし、授業を展開するべきではないか。

理由：レベルの高い生徒と低い生徒では授業の理解度も違うことから、一緒に学習しても成績向上には繋がらない。同じ学力レベルの生徒を集めることによって効率的に授業を進めることができる。

G10 提言

① 教師内での情報共有をするために、教師用の気づきカードのようなものを作成して、どの教師でも自由に書き、自由に見ることができるようにする。

理由：普段の学校生活では絶えず、かつ同時に、さまざまなことが起こっている。そう言ったことを端的にでも表すことのできるものを設けて、教師一人では目の届かなかったことにも気づくことができれば、教師の間で情報を共有することにもなり、また、個人では解決しにくい問題に関しても複数の教師で対応することが可能になる。制度導入による多忙化の加速も無いので、多忙化解消に繋がる。

② 生徒の自主性を高めるために、学習意欲をかき立てるような授業の展開を考える。例えば、外部講師による授業や講演会の有効活用など。

理由：多様化する生徒のニーズに対応することが多忙化を加速させているのではないか。生徒が多様化して発生する問題を生徒たち自身に解決させることができれば、教師が手を掛ける必要が無くなり、多忙化が解消されるのではないか。そのためには生徒一人ひとりの自主性を育てるための工夫が必要。生徒に何かしらの興味を持たせることができれば、生徒自らが構想するようになり、結果的に自主性が増えるのではないか。

G11 提言

① 概念図を使うことで、学校全体で運営における課題を発見、改善してゆく。実際に生徒と関わる教師の意見を尊重し、教師間で共有する場を設ける。その後、改善に向けて学校全体で従事する。

理由：教師個人の問題を無視し学校運営を行うのでは、いい学校作りができるとは到底思えない。そういったことを共有することで教師間の共通意識が高まったり、学校運営において反映されたりするのではないか。

② 教師・生徒間のあり方を学校全体で考える。

理由：学力・意欲・自信の向上は学校側に問題があれば、促進するとは言い難い。教師間や学校全体の雰囲気をより良いものにすることで、生徒たちが学校や学習に対し好印象を持てるのではないか。教師が現在の状況から放たれることで、生徒とより良い関係を築くことにつながり、生徒のための学校になっていく。

G12 提言

① twitter などを使ってみる。

理由：会議の場は設けてあるのでそのやり方が問題である。目的は“共通課題をもって取り組むこと”なので、まずみんなが同等の立場に立たなければならない。いつもの会議だと先輩の手前では思っていても言い出せない。目安箱などの役割も果たす。顔をあわせる場は必要だが、意見を出す場としては有効だ。

② 人生シミュレータをやってみる。

理由：生徒の学習の目的意識を持たせ、日常の学習意欲の向上、学習習慣の定着を図る１つの手。人生シミュレータとは自分の人生をシミュレートすること。結果が学力が関係ないようなものになったとしても、生徒が自分の人生に対して真摯に向き合えるならばそれは良いことだ。

G13 提言

① 概念図に表された教師間の問題について話しあい解決を進める。

理由：当事者である教師、そして経営者である学校自身で解決できる問題が集まっている。解決策も比較的簡単に思いつき、また対応としても迅速なもの。

② 教師が生徒達にどう向きあうか教師間の指針を決める。
理由：生徒に感じる問題についてどれをまず解決していくのか教師達で指針を作るべき。そのガイドラインに沿って教師同士矛盾しないように生徒指導。

G14 提言
① 生徒たちに、各自その日の目標を明確に記述させる。
理由：なんとなく日々を過ごしがちな生徒たちの生活態度が、ほかの生徒たちにも悪影響をもたらし、学習意欲ややる気の低下、学校生活に対する虚無感などが生まれてくると考えられる。毎日、自分自身を振り返る時間を設ける。
② 教師間の考えを共有できる目安箱を設置する。
理由：教師各々が自身の学校についてより深く考えるようになるだろうし、「今の学校をよりよくする」という同じテーマの問題にすべての教師が、取り組むことにより教師同士の一体感も生まれ、その他の問題にも、ともに取り組めるようになる。

G15 提言
① 教師の業務を必要なことと必要でないことに分けることが必要。
理由：業務を改善することで、時間が増え新しいことを考える余裕ができ、生徒が興味を持ちそうな授業の導入ができる。
② 一部の人への業務の偏りを避けるため、役割分担をする必要。
理由：業務を改善することで、時間が増え新しいことを考える余裕ができ、生徒が興味を持ちそうな授業の導入ができる。
③ 生徒と親との関係をうまく築いていく必要がある。
理由：教師間で情報をやりとりすると同時に、生徒やその保護者との関わりも重要だ。

G16 提言
① 学習の重要性についての講演会などを開いて、生徒の意識を改善することが必要。
理由：学習意欲を生徒にもたせることが生徒だけの問題ではなく、教師の問題であるというように考えられがちなことが問題。教師側の問題もあるが、多様な生徒の増加に伴い教師への負担が増し、手に付かない状態であるのが現状。
② 外部の人たちに協力してもらうために外部との良い連携関係を作る。そのために人間性を高めるような教育が必要。
理由：生徒にとっても教師にとっても良いサイクルを生むと思われる講演会などを開くことが重要であるにもかかわらず、あまりそれができていないということが問題。協力したいと思ってもらえるような学校づくりが不可欠。教師はもちろん、生徒も生活態度をはじめとする正しい人間性をつくることが重要。

G17 提言
① 教師同士のコミュニケーションをさかんにする。
理由：生徒のやる気を出させるためには、まず教師が一致団結してこの問題に取り組む必要がある。さまざまな分野を専門とする教師が話し合うことで少しは解決策は見つかるのではないか。
② 生徒が何のために高校に来たのかということを見つめなおすことができるようにする。
理由：生徒は入学当初には、多かれ少なかれ目的を持って学校に来ている。この目的意識を、持ち続けられるように教師は生徒からの意見を求め、取り入れていくことで、生徒の学習意欲の向上につながるのではないだろうか。

Step3　組織的代替案図の作成と合意的対策の創成

〈組織的代替案図を用いた衆目評価〉

すべてのチームから提案された改善案をコーディネーターである筆者が図14にまとめ上げた。なお重複すると思われる意見もそのままに展開している。学生たちは、自らのチーム意見と他のそれが反映された組織的代替案図に対し、51名の組織として、改めてどの案が最も望ましいか、また実行可能性があるかの判断を衆目評価法によって行った。

まず図14を印刷した用紙を机に広げて各チームで協議して最も望ましい案に5点、2番目に望ましい案に4点、以下3点から1点まで計5つを、改善案（あるいはそれらを集約した要素でも可）に配当した。その結果を表2に示す（なお本来、図14、表2という出現順序とするべきではあるが、表2が見開きであるために、次頁以降これらの順序を入れ替えて表示している）。

表2　衆目評価結果

	G1	G2	G3	G4	G5	G6	G7	G8	G9	G10	G11	G12	G13	G14	G15	G16	G17	合計	
組織的な提言																		0	255
戦略的対策																		0	147
学校全体での問題把握、意見の共有のあり方を再考し、協力体制の強化を行う。																		0	62
協働意識を高める。				1														1	8
教師同士の協力体制を強化する。																		0	
教師間の問題について話し合い解決を進める。																		0	
教師が生徒たちにどう向き合うか教師間の指針を決める。																		0	
教員同士のコミュニケーションをさかんにする。	1							1				3				2		7	
認識共有を図るための媒体を利用する。		4		4		1												9	54
概念図を使うことで、学校運営における課題を発見、改善していく。実際に生徒と関わる教師の意見を尊重し、共有する場を設ける。																	5	5	
このような概念図を使って、課題の全体把握をする。各人が提言を匿名でも書いて共有し会議を開き、どの提言が現実的か話し合う。					4									2	5			11	
教員の自由な意見を担保し、共有できる場を設ける。例：目安箱、ブログ、twitter									1		5							6	29
教師自身が抱えている問題や意見を出す場を設ける（話し合いの場ではなくても意見箱のようなもの、あるいはブログ形式などでもよい）							5			4					4			13	
教師内での情報共有をするために、気づきカードのようなものを作成して、どの教師でも自由に書き、自由に見ることができるようにする。													5	4				9	
twitter などを使ってみる。																		0	
教師間の考えを共有できる目安箱を設置する。																	1	1	
大学や社会人とのつながりをもつ。																		0	35
大学や社会の人とのつながりをもつことで広い意見や幅のある対処が可能になる。生徒を高校だけが教育するのではなく、社会という広い枠の中で教育する。			2							2			4		3	3		14	
TA を取り入れる。それにより教師の指導力を基礎から高められ、同時に教師の多忙化の対策にもなるのではないか。	2	2	5	2				4			4						2	21	
保護者や地域住民との連携を強化する。		3																3	31
生徒や教師だけでなく、家庭や地域住民も学校経営に関わっていくとよりよい学校になっていくのではないか。			3		3	4			5									15	
懇談会等で家庭に学校の問題を理解していただき、問題の解決を図る。							3			3	3							9	
外部の人たちに協力してもらうための連携関係を作る。そのためには人間性を高めるような学校教育が必要。									4									4	

生徒と親との関係をうまく築いていく必要がある。																		0	
外部講師による授業や講演会などの外部からの刺激を学校に取り入れる。					2							5						7	19
生徒の自主性を高めるために、学習意欲をかき立てるような授業の展開を考える。例えば、外部講師による授業や講演会の有効活用など。											2						3	5	
外部の人を学校に呼び込み、生徒にとっても教師にとっても刺激となる活動時間をつくる。			4					3										7	
学習の重要性についての講演会などを開いて、生徒の意識を改善することが必要。																		0	
戦術的対策																		0	108
生徒、保護者、教師間で学校の現状、問題について話し合う機会を設ける。	5						2	5					3					15	15
教師と生徒の信頼関係の築き方・あり方・関わり方を教師間で考え、話し合う。																		0	71
生徒に学習、さらには人生における目的意識を持たせる。				3														3	37
生徒が「自己について」成長できるような時間を設ける。										1								1	
教師生徒が目指していることをお互いよく理解し合ったうえで、生徒一人ひとりの学習での目標を明確にする。						2									1			3	
生徒たちに、各自その日の目標を明確に記述させる。	4													5		4		13	
しっかりとした目的意識を持たせて学習に取り組ませる。					5											5		10	
生徒が何のために高校にいるのかということを見つめなおすことができる環境を作る。												2						2	
人生シミュレータをやってみる。		1					1		2				1					5	
学校全体で文化祭や体育祭などの活動を企画し、交流を深める。	3										1	1				1		6	
教師・生徒間のあり方を学校全体で考える。																		0	
生徒の学習意識・意欲を引き立てるために休日の使い方を教師側で提案する。					1								2					3	
生徒の学力をつけるために、同じ学力レベルでグループ分けし、授業を展開するべきでないか。		5				3		2						3				13	
管理評価する立場ではなく、一人ひとりの教師が生徒との信頼関係を築くために何ができるかを話し合う機会や啓蒙し合える場所を設ける。			1				4		3								4	12	
教師の義務を必要度ごとに分別し、役割分担することで諸問題を確実に解決していく。				5														5	22
一部の人への業務の偏りを避けるため、役割分担をする必要。															2			2	
教師の業務を必要なことと必要でないことに分けることが必要。						5						4		1				10	
教師間で問題を共有し、多忙化の解消を図る。																		0	
諸問題を一つひとつ改善してみる。										5								5	

（望ましい方針や施策に関する衆目評価結果）

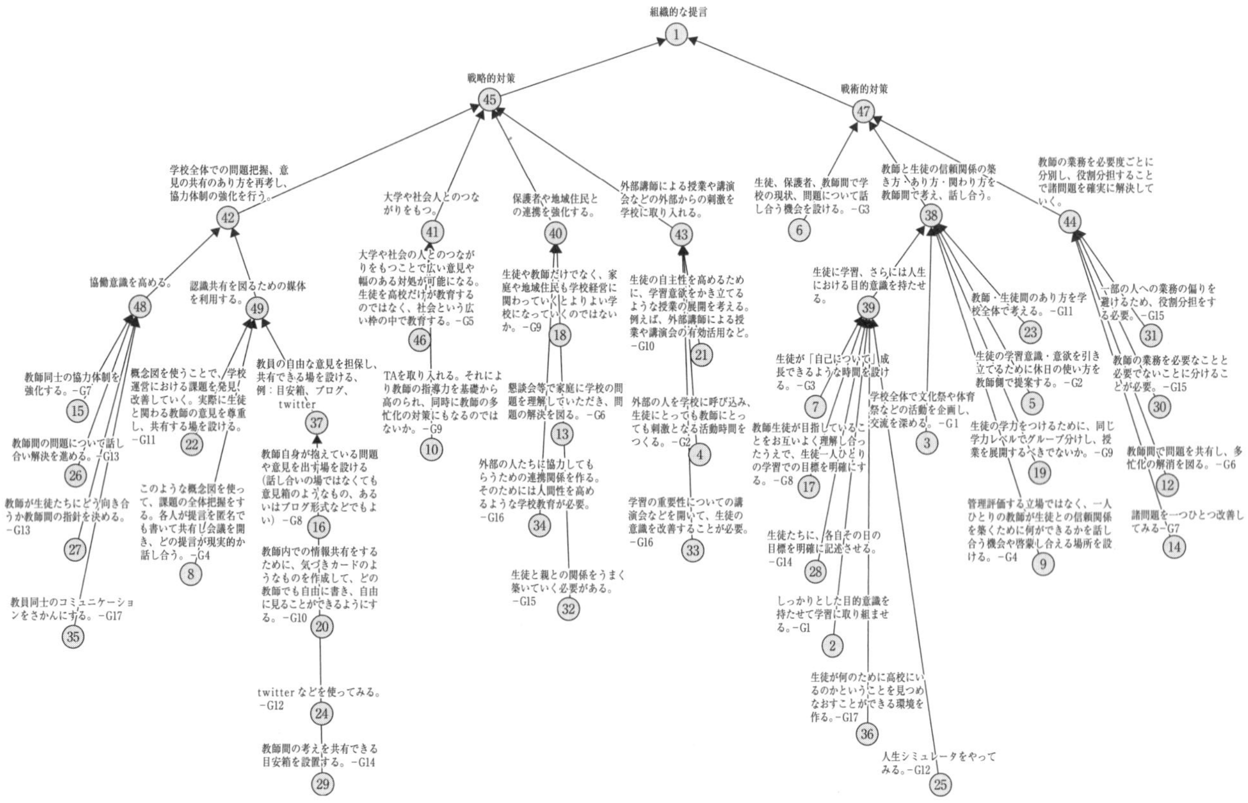

図14　組織的代替案の樹木型意味ネットワーク図

図15　チーム単位の配点（風景）

投票をもとにした、学生全体の意見順位は以下の通りである。

1位　教師と生徒の信頼関係の築き方・あり方・関わり方を教師間で考え話しあう。（71票）

特に、生徒に学習、さらには人生における目的意識を持たせる。

- 生徒たちに、各自その日の目標を明確に記述させる。
- しっかりとした目的意識を持たせて学習に取り組ませる。
- 生徒の学力をつけるために、同じ学力レベルでグループ分けし、授業を展開するべきでないか。
- 管理評価する立場ではなく、一人ひとりの教師が生徒との信頼関係を築くために何ができるかを話し合う機会や啓蒙しあえる場所を設ける。

2位　学校全体での問題把握、意見の共有のあり方を再考し、協力体制の強化を行う。（62票）

特に、認識共有を図るための媒体を利用する。

- このような概念図を使って、課題の全体把握をする。各人が提言を（匿名でも）書いて共有し会議を開き、どの提言が現実的か話し合う。
- 教師自身が抱えている問題や意見を出す場を設ける（話し合いの場ではなくても意見箱のようなもの、或いはブログ形式などでも良い）。

3位　大学や社会人とのつながりをもつ。（35票）

- TAを取り入れる。それにより教師の指導力を基礎から高められ、同時に教師の多忙化の対策にもなるのではないか。
- 大学や社会の人とのつながりを持つことで広い意見や幅のある対処が可能になる。生徒を高校だけが教育するのではなく、社会という広い枠の中で教育する。

4位　保護者や地域住民との連携を強化する。（31票）

- 生徒や教師だけでなく、家庭や地域住民も学校経営に関わっていくとよりよい学校になっていくのではないか。
5位　教師の業務を必要度ごとに分別し、役割分担することで諸問題を確実に解決してゆく。(22票)
・教師の業務を必要なことと必要でないことに分けることが必要。

〈実行可能な具体的な対策案に向けた不明点の質疑〉

望ましい方針や施策に関する衆目評価結果には、方針と施策が混在している。組織として合意形成するためには、具体性や実行可能性を議論する必要があった。

以下に質疑応答の一部を紹介する。

「生徒たちに、各自その日の目標を明確に記述させる」「しっかりとした目的意識を持たせて学習に取り組ませる」に関して。

Q1. 具体的にどのような目標を持たせればよいのか？

A1. 目標は、勉強に限定しない。一人ひとりにあった目標設定と取り組みを教師が一緒になって考え、サポートしていく。

「生徒の学力をつけるために、同じ学力レベルでグループ分けし、授業を展開するべきでないか」に関して。

Q2. 進学校ではないので、学力別クラスにする意味があまりないように思える。むしろデメリットの方が大きいのではないか。

A2. 慎重にやるべきである。

「管理評価する立場ではなく、一人ひとりの教師が生徒との信頼関係を築くために何ができるかを話し合う機会や啓蒙しあえる場所を設ける」に関して。

Q3. 具体的に考えられる機会や場所とは何か？

A3. 例えば、Q1における教師の取り組みを共有するための省察の機会を設ける。さらにその場として省察カンファレンス室（仮称）の設置なども考えられる。

「大学や社会の人とのつながりを持つことで広い意見や幅のある対処が可能になる。生徒を高校だけが教育するのではなく、社会という広い枠の中で教育する」

「生徒や教師だけでなく、家庭や地域住民も学校経営に関わっていくとよりよい学校になっていくのではないか」に関して。

Q4.　具体的にはどのような施策が考えられるか？

A4.　概してソーシャルキャピタルを意識した学校づくりである。例えば、地域向けの情報誌を発刊したり、就職企業先からOB・OGを招いての懇談会、さらに学校のなかにPTAよりも広範で、発言力のある学校協議会を設立し学校経営に関して諮問したりすることによって、学校内では得られなかった施策を生み出し地域の協力のもと実施できるのではないか。

図16　質疑応答（風景）

〈組織提言の合意（案）の創成〉

以下は、コーディネーターである筆者が学生の質疑を終えた後にまとめた。特徴的な活動や仕組みに仮称をつけた提言の合意案である。

- 生徒たちにやる気を出させるために、生徒一人ひとりにかなった目標設定（勉学に限定しない）と、その取り組みを教師が一緒になって考える。例えば、未来ノート（仮称）あるいは学びのeポートフォリオなどを使用してその実現をサポートしていく。また目標を同じくする生徒には価値観を同じくするチーム：ラーニング・ナフラック（仮称）に登録させ、これを支援する。
- 一人ひとりの教師が生徒との信頼関係を築くために何ができるかを話し合う“省察”の機会や、啓発しあえる省察カンファレンス室（仮称）を設置する。
- 教職員の認識の共有化を図るため媒体を利用する。例えば本演習で作成したように概念図を自分たちで創って課題を全体で把握をする。またそれぞれが多忙のため全体での話し合いの場を設けることが難しくても、意見箱のようなものや twitter あるいは学びの e ポートフォリオなどを使ったブログは日常的な意見交換の場となりうる。

・学校内での教育から地域社会という枠組みでの教育という意識転換を図るために、大学などで行われているソーシャルキャピタルを意識した高校づくりをする。例えば、地域向けの情報誌を発刊したり、就職企業先から OB・OG を招いての懇談会、教員志望の大学生を非常勤採用する TA 制度の新設、さらに学校のなかに PTA よりも広範で、地元町内会長や OB・OG 就職先企業など利害関係者を加えた学校共生会（仮称）を設立し学校経営に関して諮問したりすることによって学校内だけでは得られなかった施策を生み出すことが期待できるし地域の協力も得やすい。

・以上の提言施策の制約である多忙を解消するために、教師の業務を必要なことと必要でないことに仕分けする定期的校務を組み込む。

〈主たる学生の感想〉

・様々な具体的提言の中には実効が不可能と思われるものや、本当に期待どおりの結果を得られるのか疑問が残るようなものもあり、それらを取捨選択し、実行可能かつ効果的な提言に改善を加える必要もあり、なかなか難しく時間がかかった。グループで考えをまとめる際、様々な意見がぶつかり苦労した。

・多くの提言を羅列するだけでは理解することができなかったことも、意味ネットワーク図を使ってそれら提言を意味づけしていく過程を通じて、考えを深めていくことができたように思う。

・教師の立場と生徒の立場と分けて考えることが難しかった。グループメンバーと意見が異なったためどのようにまとめたらいいのかと、より事柄について深く考えることができたように思いました。これから教育実習があるので、どのようにしたら生徒とよい関係を築くことができるかということについて参考になりました。

・まず、一人でノードの繋がりから提言について考えたが難しい部分がとてもあった。その後グループになって話し合うことによって、考えがしっかりとした意味ネットワーク図をつくることができて、さらに考えが深まった。その状態で、他のグループの提言を聞いて自分たちとは違った深まった考えというものを共有することができ、さらに視野が広がった考えを共有することができると思った。

・衆目評価で多数決をとっていたので、どの提言に賛同しているかがわかる。またその多かった意見を持った人から詳しく話を聞くことができ、説得力のある意見に納得した。
- 掲示板で直接意見を交わすことで、相手の考えていることもよくわかったし、逆に自分の意見を文章にして書き込むことで、相手にわかりやすく伝えようという意識が働いた。自分では考えつかないような他の人の意見が聞けてよかった。
- 一見バラバラな問題に見えたが、意味ネットワーク図を使って構成していくうちに、問題の関連性が見えてきた。改善策を考えるのはすごく難しかったが、他のチームの案を見て、またそこで色々な発見があったり、より良い改善策が思いついたりと、充実した意見交換ができた。
- 教育現場の声がとてもリアルな内容であったため、具体的に考える意欲や真剣みがとても高まった。

（以上「組織マネジメント論」受講生のアンケートより抜粋）

振り返り

この授業では、必ずしも当初の自案に執着するのではなく他者の案を取り入れる学生が多く見受けられた。この事は、単にオブザーバーとして対峙して分析する経験だけでなく、学習組織のインサイダーとして同僚の認識を統合する経験をした結果ではないかと捉えている。言わば、段階的な意見交換にともなう問題認識の拡大と、実行可能性という視点を踏まえた価値判断意識への推移によって、組織として合意できる領域の共有化を図る経験ができたのではないかと考えている。

特にそのための工夫として、学校現場の生の声を取り上げたことだけではなく、さらに、学習の中盤において、具体的にはStep3の組織的代替案図の作成段階において、組織学習の終了後に振り返り[3]として、チーム内でのオピニオンリーダーや全体でのベストチームについて同僚評価することを告知したことが、より功を奏したのではないかと感じている。

さらに、大学の利害関係者である学生がその改善に関わることはより実践的である。かつそれは大学が学びを目的とした場であることを踏まえればむしろ推奨されるべきであるという判断から、筆者は現在この学習レシピを大学問題の学びあいに対しても応用しているところである[4]。

[主な出典]

1. e ポートフォリオと意味ネットワーク作成支援技術を併用した学生参加型問題解決授業、私立大学情報教育協会・平成23年度教育改革ICT戦略大会発表論文集（2011年）

2. オブザーバからインサイダーとしての認識変容を学ぶ教育の実践、日本創造学会論文誌、第15巻（2012年）

[注記]

3)

組織マネジメント論

セッションの振り返り

チーム　学籍番号　名前

〈満足度〉

個人として、チームの出した見解に納得しているか？

できない←　1　2　3　4　5　→できた

［振り返ってのコメント］

〈コミュニケーション〉

チームとして、意思疎通はうまくいったと思うか？

いかない←　1　2　3　4　5　→いった

［振り返ってのコメント］

〈主体的関わり〉

チームや全体の質疑の中で自ら積極的に関わろうとしたか？

しなかった←　1　2　3　4　5　→した

［振り返ってのコメント］

〈オピニオンリーダー〉

チームの中でオピニオンリーダーとしてあげるとすれば誰を推薦するか、その理由を述べなさい。（複数可）

〈ベストチーム賞〉

全体の中で最も優れた発表をしたチームを一つ挙げ、その理由を述べなさい。

〈省察（自由記述）〉

振り返りアンケート様式

4)　**大学という学びを目的とする場で考えられる有効な利害関係者としての学びあい**として、帰属する大学利害関係者の声をもとに、学生が当事者として自らの置かれた組織の問題を把握し、課題を抽出し、提言する教育を図っている。2011年度は44名のクラスメンバーを7つのチームに分け、下図の参画型学習レシピを5つのステップで実施した。その際、“自己［認識］との対話”と“他者との対話”を促進するため意味ネットワーク図解システムと学内SNSである学びのeポートフォリオとを併用している。

以下では、その具体的な内容について紹介する。

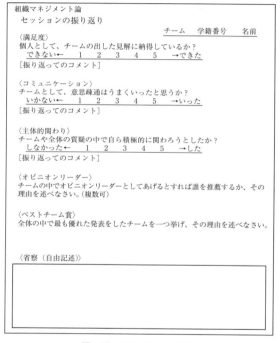

授業設計

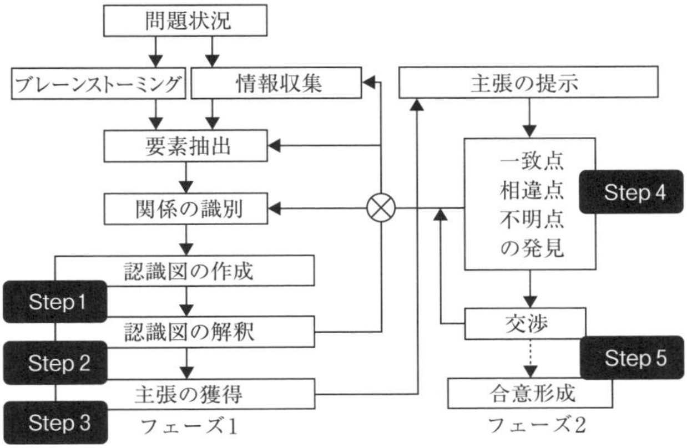

対話型学習レシピの適用ステップ

Step1　OB アンケートをもとにした図解

Step2　同僚アンケートをもとにした図解

Step3　教師アンケート図解を踏まえたチーム対話と図解

Step4　チーム発表と質疑

Step5　責任型プロジェクトの創成へ

Step1　OB アンケートをもとにした図解

富山大学が2007年までに行った進路追跡実態調査で各学部OBから多くの在学生へのメッセージを収録している。これを活用し図解することで、富山大学という学びの場でやるべきことだけではなく、やったらいいことや、やりたいことなどを広く思惟する契機とした。それと同時に、自身がおかれている組織文化が、多くの先輩に支えられ過去から現在へと伝承されていることに気づくことで帰属意識の啓発も促した。

Step2　同僚アンケートをもとにした図解

学部に在籍する年長生の意見を図解することで、同じ境遇にいる同僚の利害関係者と自身とを比較することができ、今大学において教育環境をエンリッチメントなものにするために、何が問題であるのかについて共感的な理解を図った。そして依然として組織が抱えている問題に対する意識の高揚と改善への動機づけを促した。

Step3　教師アンケート図解を踏まえたチーム対話と図解

前ステップまでで学生は、すでに過去の利害関係者、そして現在の同僚利害関係者の認識を統合している。しかし、大学にはもうひとつの利害関係者、教師がいる。自身のおかれた状況を本当に理解するためには、彼らが大学や学生に対しどのような考えであるのかを知らなければならないし、何らかの組織的な提言の際にはそれを踏まえておかなければ実現することは難しい。そこで、最後に教師の大学に対する認識図を提供した。

下図は、富山大学の教師を対象に実施した大学への要望と改善意見を筆者が図解したものである。これを学生に提供することで、大学という帰属組織の利害関係者として“何が今取り組むべき課題であるのか”について各チームで検討した。これによって当初改善の依頼者であった視点に加え当事者のそれを担保する。

なお、チームの対話を授業以外でも非同期的に支援する目的から学びのｅポートフォリオを活用している。

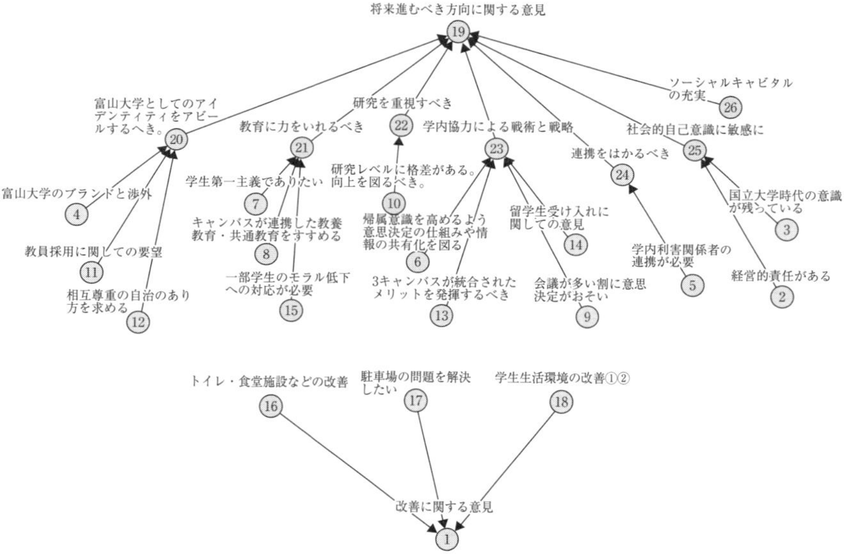

教師の大学に対する認識図

Step4　チーム発表と質疑

チーム学習からクラス組織での学習の場に移り、全員参加でチームそれぞれの見解に対して質疑した。一致点についての賛同にとどまらず、不明な点を明らかにし、相違点に対しては反論と、時に弁証法的止揚とを通じて、互いの考えがより現実的な視点、すなわち組織マネジメント論クラスとはどのような学習組織としての性質をもっており、大学に対し“何ができそうなのか”、そして“具体的にどう関わることが考えられるのか”についての意識を持たせた。

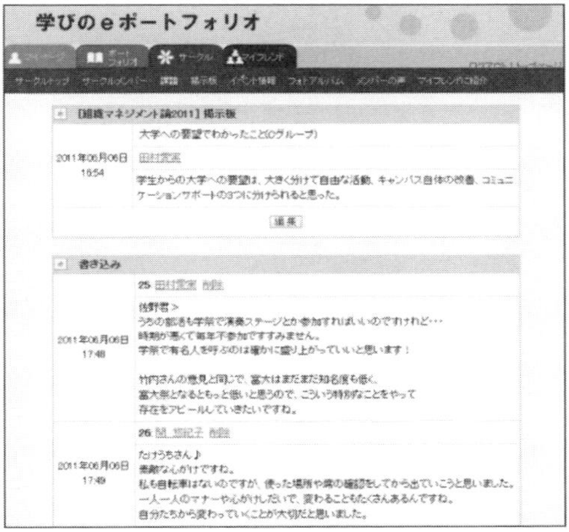

学びのｅポートフォリオによる意見交換（画面例）

Step5　責任型プロジェクトの創成へ

以上のステップを経た段階で、学生は改善に関する全体論的な方向性はつかむことができたと考える。本ステップでは、もう一度個人としての活動に戻る。各自が独創性を働かせ、かつ主体的な関わりを図る。すなわち、“どのようなプロジェクトを立ち上げれば、仲間を呼び込み教師を巻き込んで大学改善に寄与することができるのか”について具体的な案を考えさせ、メンバーに提言させた。

学生によるプロジェクトの創成の実際

2011年度の授業では、以下のプロジェクトが提起された。学生が提起したプロジェクトを要素として繋げた図解を次図に示す。

①　学生によるゼミページ運営プロジェクト
②　プロジェクト「学生が変われば、大学も変わる」
③　学部球技大会プロジェクト
④　富山大学災害対策プロジェクト
⑤　ボランティア活動を含めた教授と学生の宿泊研修プロジェクト
⑥　プロジェクト「富大の木」
⑦　学祭で楽しめる体験型の研究発表会
⑧　プロジェクト「学部１年生のためのモラル講座」
⑨　学部教師と学生の食事会プロジェクト
⑩　学生同士が自由に意見交流するための SNS プロジェクト

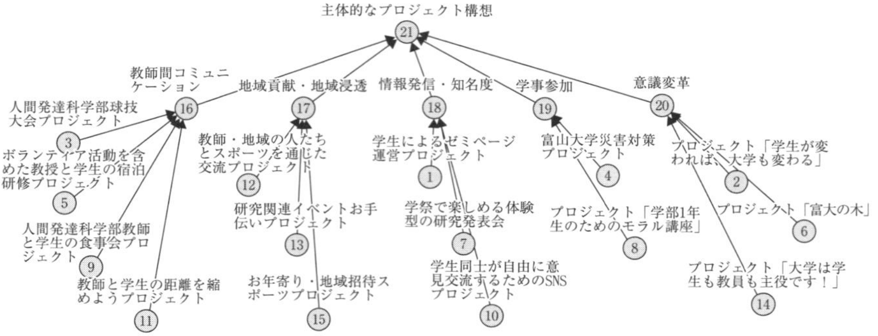

学生によるプロジェクト構想図

⑪　教師と学生の距離を縮めようプロジェクト

⑫　教師・地域の人たちとスポーツを通じた交流プロジェクト

⑬　研究関連イベントお手伝いプロジェクト

⑭　プロジェクト「大学は学生も教師も主役です！」

⑮　お年寄り・地域招待スポーツプロジェクト

下図は、その際にプロジェクト構造図を画面操作しながら他のプロジェクトと自身の考えの関係性についても意見を述べた様子である。

最後に、どのプロジェクトに参加したら、自身の考える富山大学と自身のアイデンティティを高めることになるかという問いで、参加意向を確認した。その結果、2011年度では、１番の「ゼミページ運営プロジェクト」が最も多くの賛同を得ている。

プロジェクト構想の意見交換（風景）

大学という学びを目的とする場で考えられる有効な利害関係者としての学びあいを実践した。この授業では、回答の良し悪しよりも、むしろ大学の利害関係者として問題にオブザーバーとして対峙して分析する経験と全体組織のインサイダーとしてメンバーの認識を統合する経験ができたことに意義があると考えている。

以下に最も多くの支持を受けたプロジェクトとその他ユニークな例を紹介する。

例1　学生によるゼミページ運営プロジェクト

すべてのゼミに所属する学生によるゼミナールホームページを作成する。ホームページには、ゼミで行っている研究内容、教師の専門とする学問について掲載する。毎回のゼミで何を行ったかを、各ゼミ所属の学生が交代で日記形式にして書き綴る。教師が専門としている学問に関するイベントや、学生が個人で興味を持ったイベントがある場合はホームページ内の掲示板に書き記す。

メリット：

・公に向けてのホームページのため、学生側が正しい文章を書く練習をすることができる

・各ゼミが何を行っているのかが明確に分かるため、まだゼミに所属していない学生にとって各ゼミの研究内容や雰囲気を知る材料になる

・研究内容を具体的に書き記すなど学生にプレッシャーをかけることにより、学生がより研究内容を学ぼうとするようになり、教師との意見交換や相談の場がこれまでより増える

・パソコン技術を得ることができる

・イベントを表記することで情報を共有することができ、イベントに参加する機会を与えることができる

例2　プロジェクト「富大の木」

学生会館の壁に大きな木が書いてある紙を貼る。葉っぱや果実の形をした小さなカードに、学生や教師、職員、地域の方など誰でも「富山大学の好きなところ」を書いて貼れるようにする。なお、富大の木について授業開始前などに宣伝をして、その際に学生にカードを書いてもらい回収するといった活動もしていく。また、教職員の方にもカードを積極的に配って書いてもらう。

この企画のねらいは、まず、一人ひとりが持っているであろう富山大学に対する愛着を引き出すことである。自分で「富大の好きなところ」を考えて書くということで、自分自身で認識することにつながる。また、そのカードを学生会館の壁に貼り、誰でも読める状態にするということで、他の人が富大のどこを誇りに思っているのか、共感することができる。仮に、ある意見に共感できないとしても、なぜ自分は共感できないのかなど富山大学について考えるきっかけになり、それが個人の富大生としてのアイデンティティの形成に役立っていくのではないだろうか。さらに、学生だけでもなく、教職員にもカードを書いてもらうということで、学生と教職員のコミュニケーションの場を新たに提供でき、学生と教職員との話題づくりに役立ち、関係づくりのきっかけとなる効果が期待できる。

例3　プロジェクト「学部1年生のためのモラル講座」

「学部1年生のためのモラル講座」については、参加者を学部4年生とすることで、学生主体の活動を促す。学部4年生に就活の体験談を聞くことで、就活に向けて今からできるこ

とを考える。さらに、人間発達科学部の場合は教員志望の人も多いが、あくまで「モラル講座」であるので、一般企業や教職に関係なく必要であるモラルの向上が図れる。

大学に入ってすぐに就活の話を聞くことで、前述のように日々の生活が変わってくると思われ、早い段階での人生設計が可能だと考える。

〈主たる学生の感想〉

・自分が責任をもってプロジェクトに関わることができるという誇りが、今回の活動への原動力になったと思います。

・自分たちが変わることで自分たちが利益をえることができる内容だったのですごく考えやすかった。自分たちが所属している組織のことだから与えられる情報が多かったためであると思う。大学をよりよいものにしたいという思いが伝わってきて内容も興味深いものばかりだった。

・自分だけで考えても動ける範囲には限界がある。だからこそ他の人に手伝ってもらいたいのだが、何をどこまで頼むか、そもそもその頼みごとの目的は何か、その理解を相手側にしてもらわなければ何も先には進まないのだなと思った。

・利害関係者であるがゆえに課題や改善点は把握しやすいが、その分独りよがりのプロジェクトになる恐れがあるので気をつけなければならないと思った。

・自分が利害関係者であるからこそ、必要性や重要性以上に実現可能性について考えてしまい、その結果アイデアの枠を狭めていたことに気づいた。

・大学ってこんなものかと思っていたけど、すごく質の高い要望を見て「よりよい大学」を目指したいと思った。プロジェクトは考えるのに苦労したが、自分のも他の人のもとても気持ちが伝わってくるものが多かった。私はありふれた考えしか浮かばなかったが、ちゃんと考えている人の意見は刺激的であった。この中から一つでも実現されるプロジェクトがあればいいと思う。

・最初は大学側のせいにしたり、要求ばかりしていたが、この授業を通して、学生たちの意識改革も必要だと感じた。先日読んだ論文で、「教師が変われば、生徒も変わる」と記述があった。それは逆もあり得ると思う。「学生が変われば、大学も変わる」その言葉を胸に、富大生として行動していくべきだと感じた。

・チーム学習をすることで、大学への改善点に対する考えの幅はもちろん広がりましたが、さらに、自分自身に問題を見つけようとしない自分の弱点というようなものを自覚できたように思います。

・大学を変えたいと思っている人はたくさんいるが、それを行動に移せる人が少ないのは、「変える方法を考えたことがあまりない」、もしくは「考えたとしてもそれを行動に移すだけのレパートリーがない」といった人がほとんどなのではないだろうか。この講義で学んだ「大きな視野」を失わずに、できれば教育の現場で生かせればと思う。

（以上　「組織マネジメント論」受講生のアンケートより抜粋）

2011年度において教育効果を表す指標として社会人基礎コンピテンシを取り上げ、授業の前後で検査した結果を比較した。下図は、24の素養に対する「十分持っていると思う」から「持っていない」までの5段階評価を5ポイントから1ポイントとして表した値の平均推移である。授業開始時の得点を基準として、最終授業時の得点のプラス・マイナス差として表されている。外国語能力について棒グラフが表示されていないが、これは授業の前後で変化しなかったことを意味している。それ以外すべての素養がプラスの棒グラフとなっている。特に向上した素養は、“発表力”と“情報活用力”であったが、この結果は授業においてそのような仕組みを取り入れているので期待にかなったといえる。注目するべきは、“洞察力”と“広い視野”の上昇順位がそれぞれ3位と4位となっている点である。深く考えることと他者の考えに目を向けようとした結果が反映されているといえよう。

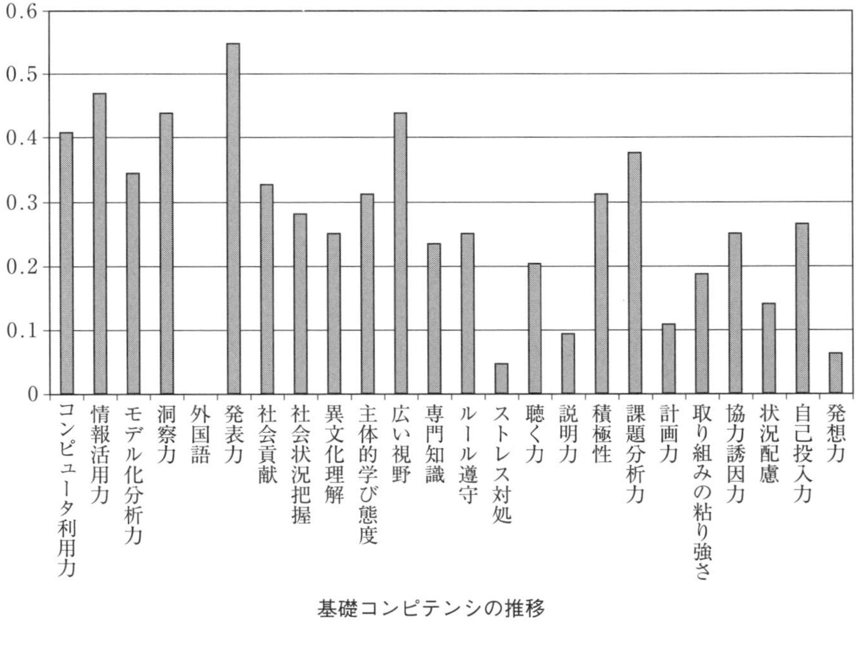

基礎コンピテンシの推移

第6章

CM審査の協議

授業目標	説明責任を担保して対話する。

2010年5月30日に催されたNHKのど自慢で、冒頭から3人続けて合格の鐘がなった。毎週視聴しているが大変珍しいことであった。その時、妻が一言「4人目の人、可哀そうに、（合格するのは）難しいだろうな」と、筆者も同感であった。同時に、我々（少なくとも筆者と妻）は、のど自慢の審査員が評価を客観的にはしていないことを了解したうえでテレビに向かって一喜一憂しているのだという感慨をもったことを覚えている。嗜好を評価することは難しい。しかし、誰しもできるだけ自己矛盾のない評価をしたいのではないだろうか。

本章では、自身の主観的判断にも説明責任を担保したうえで対話に臨む学びあいを紹介する。

以下（1）では、図12のフェーズ1において主観の客観化を補完する学習レシピを考える。（2）において同僚評価レシピを3つのステップにわけ実践し、組織の合意（案）の採択までを行っている。

（1）嗜好性を補完する学習レシピの創造

図17にSSMに準拠した望ましいCM学習レシピ作成までの概要を示す。これは、図12の対話型学習レシピのフェーズ1を補うものである。

他者との対話に際して、各自が説明責任を担保するためには、認識の定量的客観化が有効である。

そこで、直感的な順位づけのためのISM法［Warfield 1974］と第2部でも

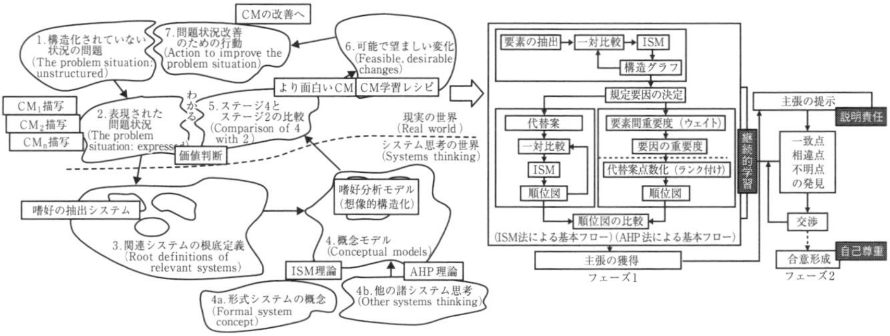

図17　SSMによるCM審査学習レシピの創造

採用した効用の分析的意思決定法のAHP法［Saaty 1980］を併用することで、認識の定量的客観化を図った。

図12のレシピにおける自己との対話のフェーズ1を補完するレシピを図18に示す。図右側の破線で囲まれた部分が、AHP法システムのプロセスである。AHP法のアルゴリズムを適用することで“要因間重要度（ウェイト）”を求め、問題を規定する要因の重要度（ウェイト）に関する認識を明確にする。次に代替案であるCM作品ごとに規定要因ごとのランクづけを行う。これにウェイトを掛け、合算してそのポイント降順に順位図を作成する。これは、代替案の選択行動が効用加算ルールに従って行われた場合の順位づけを意味している。

一方、図左側の破線で囲まれた部分がISM法システムのプロセスである。ここでは、代替案CM間で一対比較を行い、ISM法のアルゴリズム（補足資料参照）を適用し順位図を作成する。これは、学習者の直観的な判断に推移律を適用することで一対比較の判断の矛盾を取り除いた順位づけを意味している。

これらふたつの順位付け結果をもとに自身の主観的判断に説明責任を担保しようとするものである。もし、最初から主観的判断に一貫性があり、かつ選択行動が効用加算ルール[5)]に従って行われていたならば、ふたつの順位は一致するはずである。しかし、そうでないならば、自身の選択行動には特性があるはずである。CM審査員は、作品の一対比較による直観的な順位付けと効用加算ルールの順位付けの違いをもとに、何故そのようになったのかを掘り下げて自問自答することで、自身の選択行動特性仮説[6)]を見いだすことが必要なのである。

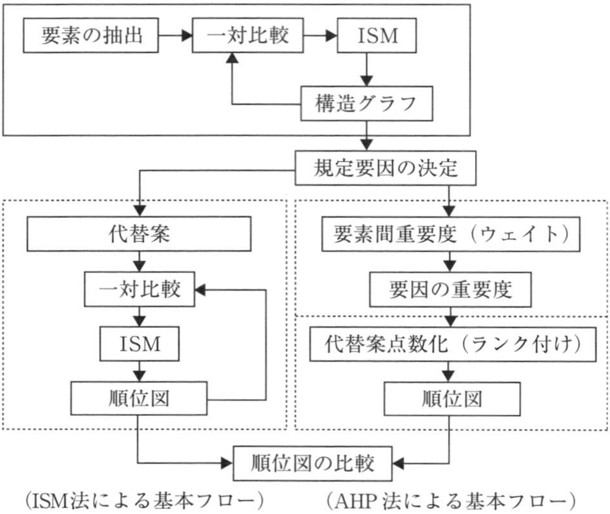

図18　主観の客観化を担保するための補完プロセスモデル

（2） CM審査の学びあい

本項では、NM法［中山1997］によって事前に制作したスコップのコマーシャルシナリオの中から一番面白い作品を選出する演習を紹介する。学生は、シナリオの作者であると同時に、作品の審査員として関わっている。

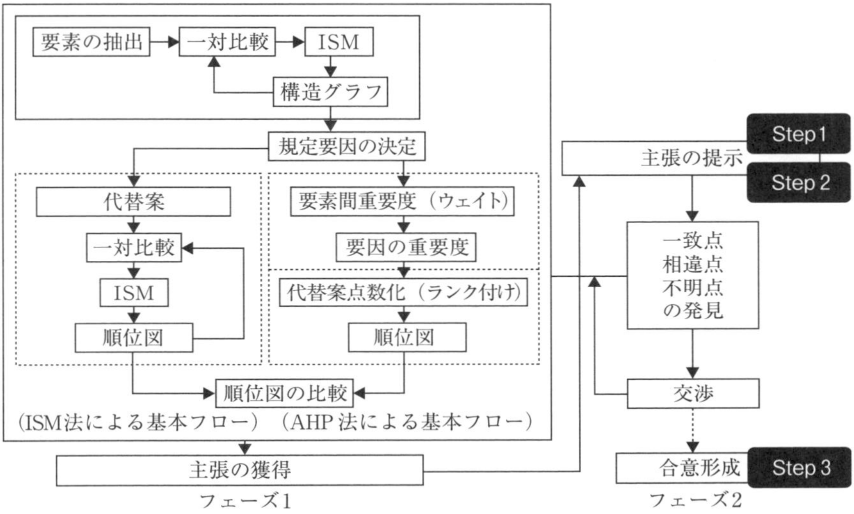

図19　CM審査学習レシピの適用ステップ

Step1　審査員自身の審査認識の明晰化と一次発表

Step2　すべての審査意見の統合的理解と二次発表

Step3　審査委員間の統合的案の質疑と選考の合意形成

Step1　審査員自身の審査認識の明晰化と一次発表

第1項のサブプロセスに従って、主観的客観化を行った。

以下に、ある審査員の例を示す。

なお、シナリオ審査の基準となる面白みは、すべての作品を鑑賞した後に審査員で協議して合意した以下の6項目である。

①　ストーリの場面が想像できる。

②　心情に訴えるものがある。

③　話の展開が予想外である。

④　商品が、印象的に表現されている。

⑤　主人公の人物像が、目に浮かぶ。

⑥　話が、15秒間CMとしてまとまっている。

AHP法によるシナリオ審査の観点のウェイトを図20に示す。

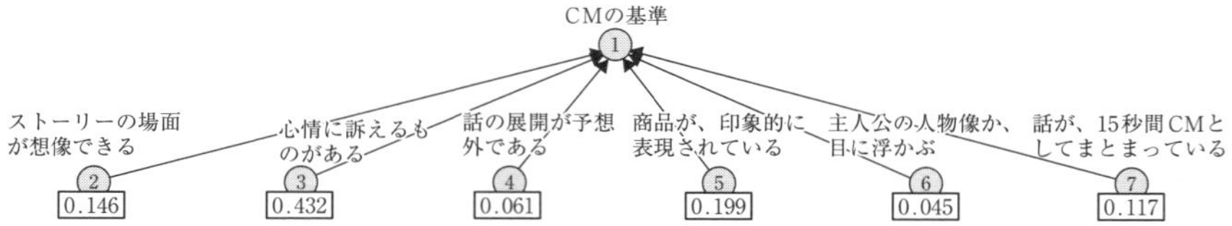

図20　AHP法による、規定要因のウェイト算出

審査員は、11の作品を読んでその感想をもとに6の観点について評価点（1～5点）をつけた。

表3　総合得点の算出

作　品	ストーリの場面が想像できる	心情に訴えるものがある	話の展開が予想外である	商品が、印象的に表現されている	主人公の人物像が、目に浮かぶ	話が、15秒間CMとしてまとまっている	合　計
Amy	5	2	5	3	4	5	3.081
Chiaki	5	4	4	3	5	5	3.815
Kyoro	5	3	3	5	5	5	4.014
Sumi	4	3	3	5	4	2	3.472
あつし	5	5	4	3	4	4	4.379
あやね	5	4	5	4	5	2	4.018
チロ	5	5	3	3	5	4	4.363
マイケル	5	5	4	5	5	4	4.822
まる	5	5	4	5	5	5	4.942
みさっちゃん	5	5	4	4	5	3	4.506
やしい	4	3	4	3	3	3	3.186

（作者を特定できないようにするため名前はすべてペンネームを使用）

以下は、審査員学生の感想の例である。

Amy：商品を宣伝しきれていない点が惜しかったが、冒頭の殺人計画から始まる点が良かった。

Chiaki：商品を宣伝しきれていない点が惜しかったが、心情に訴える点で良い作品だった。

Kyoro：独創的ではないものの、商品の宣伝が大変優れている作品だった。

Sumi：15秒間に納めるのが難しい作品ではあるが、コミカルなCMになりそうな印象を受けた。

あつし：商品の宣伝としてもうひと押しが欲しかったが、息子の成長は心情に訴えるものがあった。

あやね：「スコップ」の宣伝としては十分でない気もするが、ストーリはとても面白かった。

チロ：「スコップ」の宣伝としては十分でない気もするが、大変心情に訴えるものがあった。

マイケル：面白いストーリに、スコップの宣伝が上手くなされている作品。

まる：スコップの存在の効果がうまく表現されている作品であった。

みさっちゃん：「スコップ」の宣伝としては十分でない気もするが、人の優しさを描いた心温まる作品。

やしい：ストーリに関して好みが分かれる内容だと感じたが、アイデアは面白いと思う。

今度は、作品の印象を直感的に一対比較した。図21はその結果例である。

実際の表示では、最後の⑦のノード色が元の黄色からピンク色に変わっている。これは、amyを含んだ5人の作品の順位づけに矛盾があることを示している。

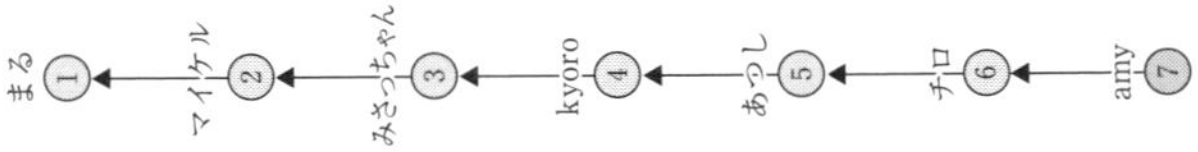

図21　ISM法による順位付け

AHP法の配点結果とISM法の順位結果を比較すると表4となった。

表4　AHP法結果とISM法結果の比較

	AHP法の結果	ISM法の結果
1位	まる	まる
2位	マイケル	マイケル
3位	みさっちゃん	みさっちゃん
4位	あつし	kyoro
5位	チロ	あつし
6位	あやね	チロ
7位	kyoro	amyと（あやね・chiaki・sumi・やしい）のサークル（補足資料 pp.145-146 参照）
8位	chiaki	
9位	sumi	
10位	やしい	
11位	amy	

図 22　審査委員としての結果の一次発表（風景）

図 23　他審査員の発表メモ記述（風景）

したがって、第３位までは客観的な判断であることがいえる。これを踏まえて、同僚（他の審査員）の前に出て、自分がシナリオを選ぶ上で重きを置いた項目や、計算結果からわかった順位の高い人、そしてなぜそのシナリオが高い点数になったか、などを発表した（図 22 参照）。

一次発表において聞き手にまわった審査員は、全員の発表を聞きながら、AT-METHOD を使って、他の審査員の発表をメモ記述しながら自身の気づきを書き出していく（図 23 参照）。

Step2　すべての審査意見の統合的理解と二次発表

全員発表の後、メモ記述した電子キャンバスの認識図を用いて合意的意見としてどのシナリオを１位と決定するかを、構造化しながらまとめた。

以下は、審査員学生の２つの例である。

（例１）

作品において上位で一致しているのは、マイケル、あつし、みさっちゃんである。これらの作品は各審査員の AHP 法による審査においても抜け出て上位にいることから、各審査員の意見を合致しうる作品はこの中にあると考える。

マイケルは、審査員高田、川本が１位と判断し、審査員嶋田は２位としている。あつしは審査員岩波が２位と判断し、審査員高田が３位と判断している。みさっちゃんは審査員高田が２位と判断し、審査員岩波が３位としている。

多数決のみで決めるとマイケルとなるが、審査員岩波は６位と判断している。関係図より各審査員が良いとした作品の基準は、

・話の展開が良かった（ストーリが想像できる、内容が良かったに繋がる）

・内容がお茶目（面白い、インパクト、印象的、作品に好感が持てるに繋がる）

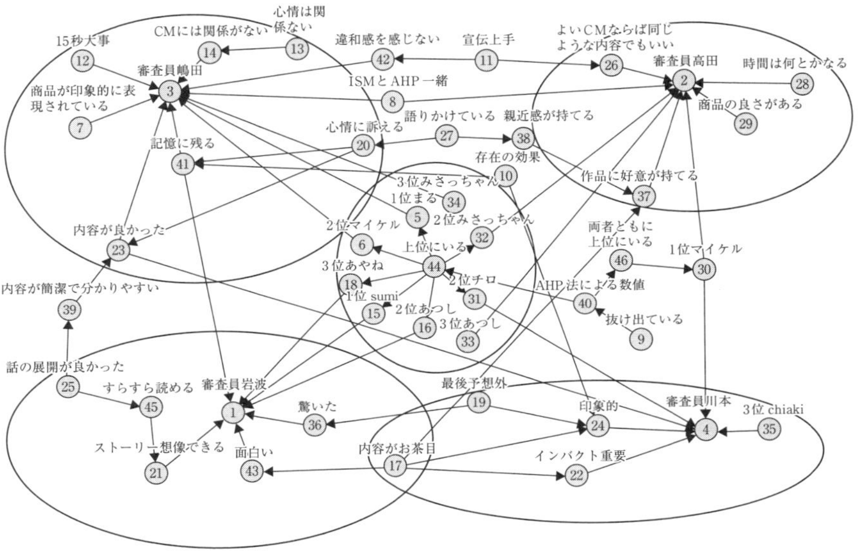

図24　審査員の発表メモをもとにした全体意見の構造化

・結果が予想外（驚き、印象的に繋がる）
・語りかけている（心情に残る、記憶に残る、親近感が持てる、作品に好感が持てるに繋がる）
・存在の効果（記憶に残る、印象的に繋がる）

があげられる。審査員岩波のAHP法による数字ではマイケルの評価は全て3であるので、悪くない。また、感想では「なぜ最後に結婚したかわからない」と答えているため、予想外性があったと考える。よって各審査員の基準に合致していると考え、マイケルを1位とする。

次にあつし、みさっちゃんが本当に1位とすることができないのかについて考える。あつしの審査員の順位では2, 3, 4, 6位があり、みさっちゃんの順位では2, 3, 4, 9位であった。どちらの作品も審査員の基準に合致しているが、審査員岩波があつしの順位を3位にしているほかは、マイケルを越えていないため、やはりマイケルが1位である。マイケルの勝因としては、両者より話の予想外性と商品を印象的に表現することに長けていることが考えられる。

また、2位と3位は順位だけでなくAHP法の点で考えると、ごく僅差ではあるが2位がみさっちゃん、3位があつしと考える。その理由としては心情に訴え、商品が印象的に表現されている点が高く評価されているからである。

以上よりCM審査協議では1位がマイケル、2位がみさっちゃん、3位があつしとする。

（例２）

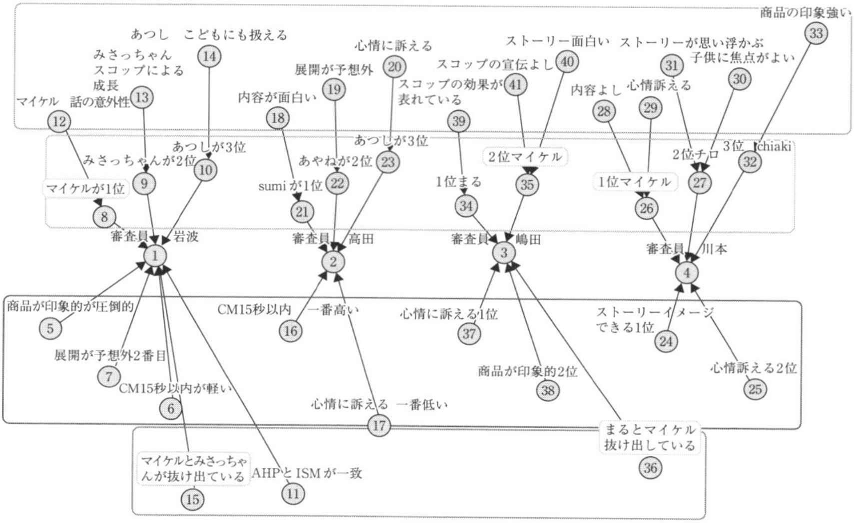

図 25　審査員の発表メモをもとにした全体意見の構造化

上図は４人のCM審査結果を以下のようにグループ分けをした。

①　順位づけされたCMの良かった点（図の最上位の四角枠）

②　順位（図の上から２番目の四角枠）

③　CM評価における要素のウェイト（図の上から３番目の四角枠）

④　その他の情報（図の最下位の四角枠）

順位に着目すると、３位以内に複数人から選出されているのは、「マイケル」と「あつし」である。マイケルは１位に２人から選出されているため、３位に２人から選出されているあつしより、高い評価で支持されている。

またその他の情報の枠で、『マイケルとみさっちゃんが抜け出ている』『まるとマイケルが抜け出ている』との評価が２人からあり、この点からもマイケルの作品が高い評価で支持されていることが理解できる。「みさっちゃん」と「まる」は『抜け出ている』との評価もあったが、３位以内にそれぞれ１人からしか選出されていない。

図 26　審査員の統合的意見への質疑（風景）

以上からグループの評価としては、

優秀作品に「マイケル」のCMを選出すべきだと考える。

次に、全審査員が全体意見の構造図を用いて全体論的視点からの合意案を二次発表した。

Step3　審査委員間の統合的案の質疑と選考の合意形成

以上の過程を経た上で、最後に審査員全員が直接向かいあって意見交換する。最終決定に際しては、審査員の賛同（図27参照）をもって合意の有無を明らかにした。

図27　審査員の採択合意（風景）

〈主たる学生の感想〉

・一見審査員の判断や基準がそれぞれ異なっていると思っていたが、実際に図にして繋げてみると意外にも共通点が多かったことに驚いた。各審査員の主観性を客観的に見ても納得のいく形にできると感じた。

・CM審査をISM法で順位づけすることで、好みや直感だけで選ぶのとは異なり、他人の順位づけとの比較を要素を用いて行うことができたことから、要素ごとに検討することに重要性を実感できた。

・周りの人の考えを聞きながら自分の意見を、まとめていくのは少し大変だったが、また違った意見を参考にしながらさらに新しく考察していき、全員が納得できる結果にまとまったと思う。自分で考えをまとめるだけでなく、他者とも考えを共有していくことでより自分の考えが明確になることがよくわかった。

・1つの決定に対して、これほど多くの方法を重ねて、発表したり話し合ったりする、という経験はこれが初めてであった。合意する、ということは、まず自分の意見を具体的に信憑性のあるものにすることが求められ、他の意見を聞いた上で、新たな判断基準を獲得していくことが鍵となっていくのではないかと思う。

（以上「現代と教育」および「情報教育演習」受講生のアンケートより抜粋）

振り返り

この授業の特徴は2つある。ひとつは嗜好性を扱うこと。もうひとつは評価者と被評価者が入れ子になっていることである。学生は、審査員でもあるだけでなく、対象である作品の作者でもある。したがって第5章のように対象に対峙するためには、より客観性を担保する仕組みが必要であった。そこで、学習組織のインサイダーとして関わるために、まず自身の行動に対して説明責任を果たすことを課した。

自身の選考特性を十分掘り下げること、すなわち嗜好の選択は、すべてが同じルールではなく、むしろ暗黙的な独自のルールに従っていることを前提に、自らの選択行動についての考察を2つの順位づけルールを適用して得られた結果の比較を通じて行うこと、その上で対話することが、共感的な合意に近づくことができるのではないかという展望をもって学習レシピを創造した。

結果として、学生にとっては論点が明確になり、役割的にも興味を持ちやすく、楽しみながら順位づけを行うことができたようである。

[主な出典]

1. 参画型学習モデルの設計と実践、大学教育学会第32回全国大会発表論文集（2010年）

[注記]

5）効用加算ルールは、規範的な選択行動として最も代表的なものである。しかし、これだけでなない。例えば、Tversky［1972］は、選択行動において効用加算ルール、すなわちすべての規定要因を考慮した方法で行うのではなく、自分にとって重要である規定要因ごとに順番に着目して行うとして「属性値による排除」ルールを提唱している。詳しくは、『問題解決の技法』（海文堂出版、1999）を参照願いたい。

6）女子学生を対象に実施した男性タレントの嗜好性の理解実習の例を以下に紹介する。

Step1：AHP法による要因分析的順位づけ
　　タレントの好みについて要素抽出
　　規定要因の決定
　　AHP評価構造図の作成
　　AHP法による、規定要因のウェイト算出

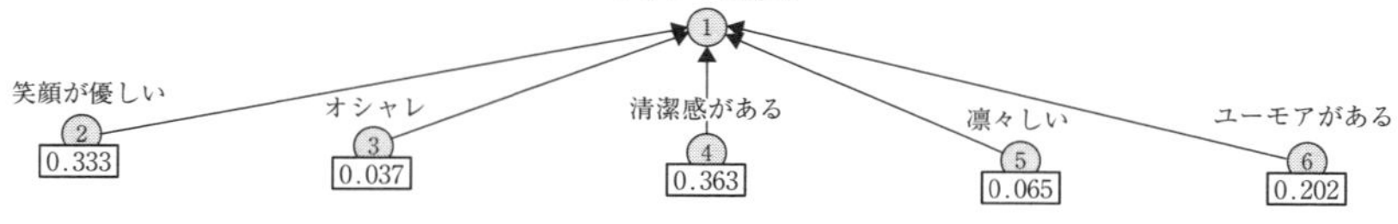

AHP法による、規定要因のウェイト算出

Step2：すべてのタレントに対する規定要因ごとのポイントつけ（1 点〜 5 点）

規定要因のポイント

タレント	笑顔が優しい	オシャレ	清潔感がある	凛々しい	ユーモアがある
山田孝之	5	3	3	4	4
玉木宏	4	4	4	4	5
山本裕典	5	4	5	3	3
三浦春馬	4	4	4	5	3
水嶋ヒロ	4	4	4	5	4

Step3：ISM 法による一対比較順位づけ

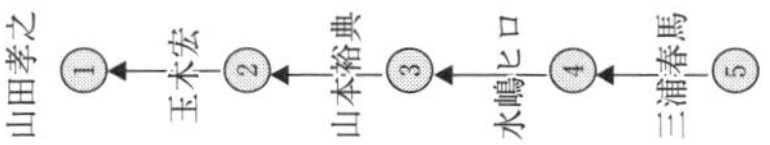

ISM 法による順位図

Step4：タレントごとの、規定要因のポイントとウェイトを掛け合わせた総合得点算出

総合得点の算出

タレント	笑顔が優しい	オシャレ	清潔感がある	凛々しい	ユーモアがある	総合得点
山田孝之	5	3	3	4	4	3.933
玉木宏	4	4	4	4	5	4.202
山本裕典	5	4	5	3	3	4.429
三浦春馬	4	4	4	5	3	3.863
水嶋ヒロ	4	4	4	5	4	4.065

Step5：2 つの結果の比較

順位付けの比較

順位	AHP 法の結果	ISM 法の結果
1 位	山本裕典	山田孝之
2 位	玉木宏	玉木宏
3 位	水嶋ヒロ	山本裕典
4 位	山田孝之	水嶋ヒロ
5 位	三浦春馬	三浦春馬

Step6：タレントの嗜好性に関する信憑《しんぴょうせい》性に関する検討

少なくとも一対比較結果がサークルのない1本の順位図になったことで、この判断には何らかの一貫性があることを示している。しかし、面白み（規定要因）を総合的に踏まえて判断していないということである。もしこの学生が、面白みを効用加算的に一対比較していたとしたならば上表では一致していたはずである。しかし、そうはならなかった。なぜか、その原因はいくつか考えられる。

ISM法やAHP法の論理が間違いなのかもしれない。ISM法の一対比較では、先生に指摘されないようにサークルが起きないようあらかじめ順位を決めていたのかもしれない。一方、AHP法に関しては、まず、AHP法によって求めたウェイトを合算するという効用加算のプログラムに間違いがあるのかもしれない。それとも5つの面白み（規定要因）自体には本当は不同意であったのかもしれない。もしかしたら、一対比較のときイライラしていい加減にしてしまったのかもしれない。このように順位が一致しなかった原因を探すといくらでも出てきそうである。

ところで、もうひとつ違った見方をしてみよう。自分なりに集中して判断したと仮定して、両者の一致した部分を探し、そこでの規定要因のポイントをみていくと、例えば規定要因のうちでこれとこれを直観的な比較で採用したのではないか、あるいは、最下位が一致したのは、これだけが強く影響したのではないかといった自分独自の選択行動特性仮説が存在するかもしれないのである。もしこれが一般化できるようであれば、十分説明責任を担保したと言えると考えている。

補足資料

意味づけするための技術と理論

意味ネットワーク視考支援システム AT-METHOD（Assembling Tools for Convergent Thinking Method）

（1） AT-METHODとは

第１部第２章において、「わかるとは、現象としてのコトから認識としてのモノへの変換である。さらに言及すれば認識とは、現象（コト）に対し意味づけ、すなわち想像的構造化し、価値判断したモノである」と述べた。AT-METHOD（Assembling Tools for Convergent Thinking Method）は、想像的構造化を支援することを目的に筆者が開発した意味ネットワークの視考支援技術である。“思考支援方法、そのプログラム及び記録媒体”［特願2007-56023］を具現化している。コンピュータの得意分野と人間の得意分野の統合を基本理念に、人間の負荷をできるだけ分散・軽減しながら認識の収束を支援する機能が実装されており、問題解決学、創造性開発、組織マネジメントなど**認識を扱う講義・ワークショップ**において活用している。

なお、AT-METHODは、システム思考のためのプロトタイプである。また、汎用的な思考支援システムではなく、基本理念を理解した上で使用することではじめて成果が出るシステムである。

（2） AT-METHODによる収束的思考の支援とは

AT-METHODは、「自己との対話」と「他者との対話」という２つのフェーズから成り立っている。

フェーズ１「自己との対話」

ブレーンストーミングや情報収集活動によって問題状況に関連する「要素」を抽出したのち、それらの関連について検討する。「要素」を関係づけることで自己の「認識図」を作成する。そしてこれに対し疑似他者として批判的に検討し、「要素」や「関係」の修正、削除を行い、自身の主張として納得のいく「認識図」が得られるまでフェーズ内フィードバックを繰り返す。

フェーズ２「他者との対話」

他の参加者間との討議のために、互いの「認識図」を共通の土俵とするところから始まる。それを比較することによって、相違点、同意点の確認、さらに不明点やアイデアについての討議を行う。その時、並行して「自己との対話」に戻り、自己の認識の拡大、更新を行うためのフェーズ間フィードバックも行う。

これらのフィードバックを繰り返すことで次のような効果があると考えられる。

・「ソフトシステム方法論」をベースにした収束的思考が可能になる。
・自己矛盾が排除される。
・右脳の活性化を促進しての共通認識も生まれる。
・良い質問がなされうる環境も生まれる。
・対話の持つ本来の力であるところの“その場にいる最も能力の高い者のレベルを超える創発が生まれる”可能性に近づく 。

(『問題を科学する』海文堂、2000年、70頁)
(『社会的アクションラーニングの方法』海文堂、2004年、70頁)

(3) AT-METHODの特徴

〈Heuristic Majong-Like Idea-Generation Process〉
・麻雀の思考で“捨てる(捨牌)”、“そろえる(配牌)”、“分ける(順序3牌、3同牌)”、“並べる(理牌)”、“慣れる(ツモ)”による発想支援と認識整理ができる。
〈Rational Problem-Structuring Process〉
・認識を構造解析することで発想のキッカケとなる「空白(曖昧、矛盾)」を提示する。
〈Problem-Solving Process in Template Model〉
・プロセス思考で整理することで説得性の高い主張が得られる。
〈AHP〉
・AHP法により優先順位づけや階層的意思決定ができる。
(『問題を科学する』海文堂、2000年、128頁、148頁、155頁)

(4) AT-METHODの機能

AT-METHODは、次頁に示すように大きく5つの機能(ツール)が実装されている。

また、AT-METHODは、2つのシステムから成り立っている。主に構造解析するためのAT-METHOD(ダミー対応)と、優先順位づけや意思決定するためのAT-METHOD(サークル対応)のシステムがある。

ツール	機　能	使用するシステム
1：Heuristic Majong-Like Idea-Generation Process	キャンパスに「要素」を集約、投棄、関係識別、要約、再配置して「要素」を構造化する。これにより、新たな発見をしながら、ヒューリスティックな上視座で「認識図」を把握することができる。	AT-METHOD（ダミー対応）詳細はSTEP1（p.137）へ
2：Pair-Wise Comparison Process	各「要素」を一対比較し関係識別を改めて行う。これにより、ISM法（資料2を参照）を適用した横視座からの「認識図」を把握する準備ができる。	AT-METHOD（ダミー対応）詳細はSTEP2（p.142）へ
3：Rational Problem-Structuring Process	ISM法の自動描画アルゴリズムにより各「要素」が階層構造図化される。その構造図から「空白」がないか解析を行う。構造図に連関要素が抜けているか、新たな要素を埋め込むべきか検討する。そのうえで自身の説明しやすいように空間配置する。	AT-METHOD（ダミー対応）詳細はSTEP3（p.144）へ
4：Problem-Solving Process in Template Model	プロセス思考の論理構成が可能になれば、プロセス思考テンプレートを活用して各「要素」を問題提起、現状と目標、問題解決（代替案も含む）のエリアに再配置する。これにより、より説得性の高い主張を獲得することを目指す。	AT-METHOD（ダミー対応）詳細はSTEP4（p.153）へ
5：AHP（Rational Problem-Structuring Processの機能の一部）	ISM法の自動描画アルゴリズムを用いて代替案も含めた問題解決の主張を各評価基準を作って重要度比較し総合得点化する。これにより、経験的・嗜好的な判断の信頼性を高めることができる。	AT-METHOD（サークル対応）詳細はSTEP5（p.156）へ

（5） AT-METHODの課題

AT-METHODは、“捨てる”ことによる認識の整理を意識している。これに対して、KJ法はまとめ上げていくことによる全体把握を重視している。その違いは、収納に例えるなら、家の収納スペースが小さいか大きいか、使わなくなった服に対して見切りをつけるか保管するかの違いといえる。要素や参加者が多い場合や、要素の保管を重視する必要がある場合の支援については今後の課題である。

（『問題を科学する』海文堂、2000年、166-167頁）

また、KJ法などのようにまとめ上げることの得意性に着目した技法との比較を、効率性・結論の満足性・他者との説得性から行うことも今後の課題である。
（『社会的アクションラーニングの方法』海文堂、2004年、84頁）

（6） AT-METHODの使い方

AT-METHODの起動画面（メニュー）の説明

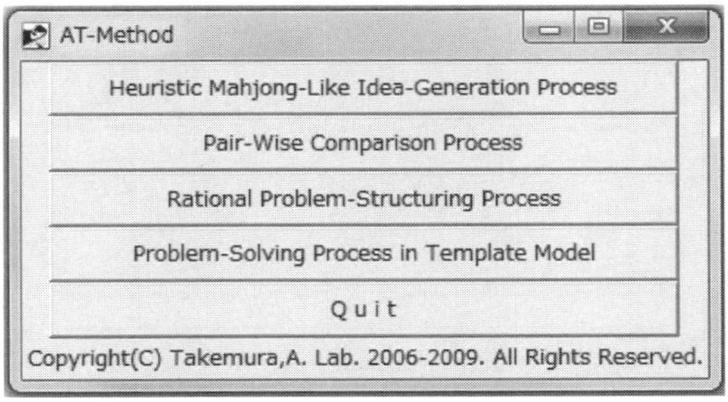

メインメニュー

【Heuristic Majong-Like Idea-Generation Process】…「要素」を集約、投棄、関係識別、要約、再配置して構造化するキャンバス（ツール）を起動する。
【Pair-Wise Comparison Process】…各「要素」を一対比較し関係識別を行うツールを起動する。
【Rational Problem-Structuring Process】…ISM法の自動描画アルゴリズムにより各「要素」が階層構造図化するツールを起動する。また、AHPによる重要度比較するツールも起動できる。
【Problem-Solving Process in Template Model】…プロセス思考テンプレートを活用して各「要素」を問題提起、現状と目標、問題解決（代替案も含む）のエリアに再配置し説得性の高い主張を獲得するテンプレート（ツール）を起動する。
【Quit】…AT-METHODを終了する。

STEP1 Heuristic Majong-Like Idea-Generation Processの説明

キャンパスに「要素」を集約、投機、関係識別、要約、再配置して「要素」を構造化する。これにより、ヒューリスティックな上視座で「認識図」を把握することができる。

Heuristic Majong-Like Idea-Generation Process の基本ステップ

Ⅰ．構造化を意識せず思うままに「要素」を抽出する。

Ⅱ．抽出された「要素」を“捨てる”“関係識別する”“集約する”“再配置する”ことで新たな発見をしながら認識を整理する。

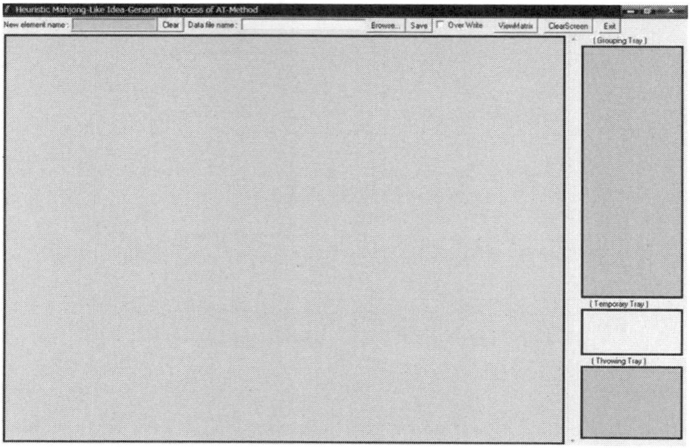

ブルーキャンバス初期画面

初期設定

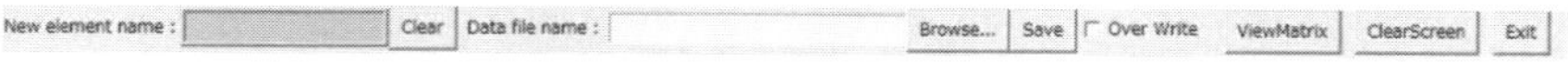

●新規の場合

1. 【New element name】に要素を入力する。
2. 【Data file name】にファイル名を入力し、【Save】をクリックする。これにより新規ファイルが生成される。上書き保存の場合は、Over Write にチェックを入れる。
   (補足) ファイルは AT-Method のプログラム本体が置いてあるフォルダに生成される (拡張子は.elm)。
3. 【Browse】をクリックし、生成した新規ファイルを読み込む。

●既存ファイルを読み込む場合

【Browse】をクリックし、既存ファイルを読み込む (拡張子は.elm)。

(補足) 前回、配置した要素は、改めて再配置するためにリセットされた状態で表示される。

Ⅰ．構造化を意識せず思うままに「要素」を抽出する。

ブレーンストーミングの要領で、記述に重複があろうと気にせず「要素」をキャンパスに入力する。

要素を入力する

【New element name】に要素を入力し、enter 入力するとキャンバスに「要素」が表示される。

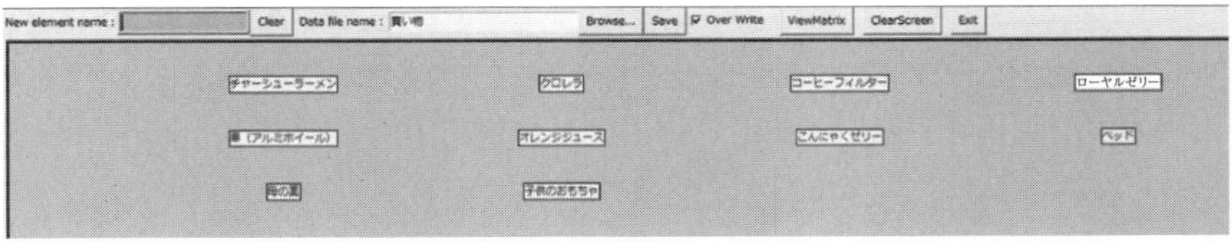

追加入力が終わったら必ず【Save】をクリックし保存すること。

Ⅱ．抽出された「要素」を“捨てる”“関係識別する”“集約する”“再配置する”ことで新たな発見をしながら認識を整理する

先ほど保存したファイルを読み込み、キャンバスに改めて展開する。

「要素」を整理することで要素の不足、矛盾、曖昧などの空白の「発見」がある。キャンバス上に「要素」がきれいに整理されるよう、Ⅰ→Ⅱを繰り返す。

要素を捨てる

要素を右クリックする。右クリックすると、【Temporary Tray】に要素が移動する。そして【Temporary Tray】にある要素をドラッグして【Throwing Tray】に移動する。ただし、要素を１つ捨てるごとに必ず【Save】をクリックすること。

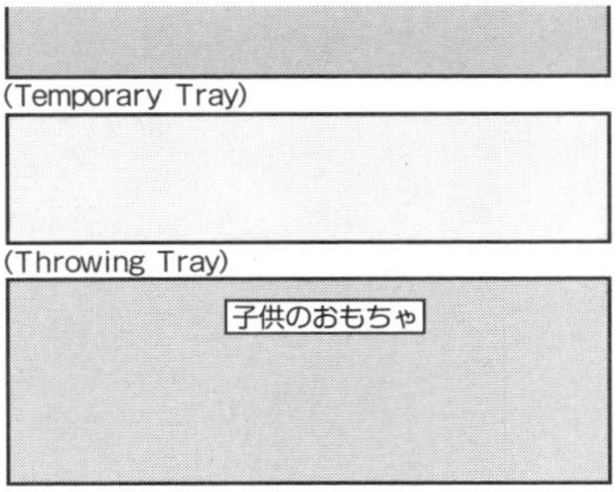

（補足）次回ファイルを読み込んだ際には、【Throwing Tray】にある要素は消えている。

要素を集約する

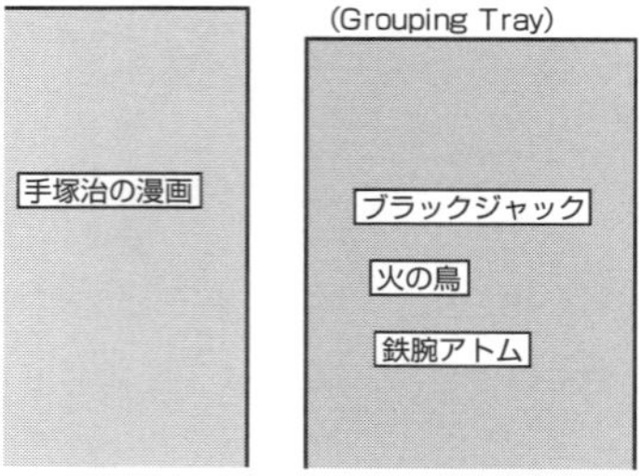

同様の表記のため１つに要約したい場合は、当該要素を右クリックして【Temporary Tray】に移動する。次に【Grouping Tray】にそれらの要素をドラッグする。そして、【New element name】に要約要素名を入力すると、キャンパスに要約要素が表示され、【Grouping Tray】にあった要素はメモリ上から削除される。

要素を再配置する

キャンバス内の要素をドラッグすることでヒューリスティックな横視座で「認識図」を把握することができる。

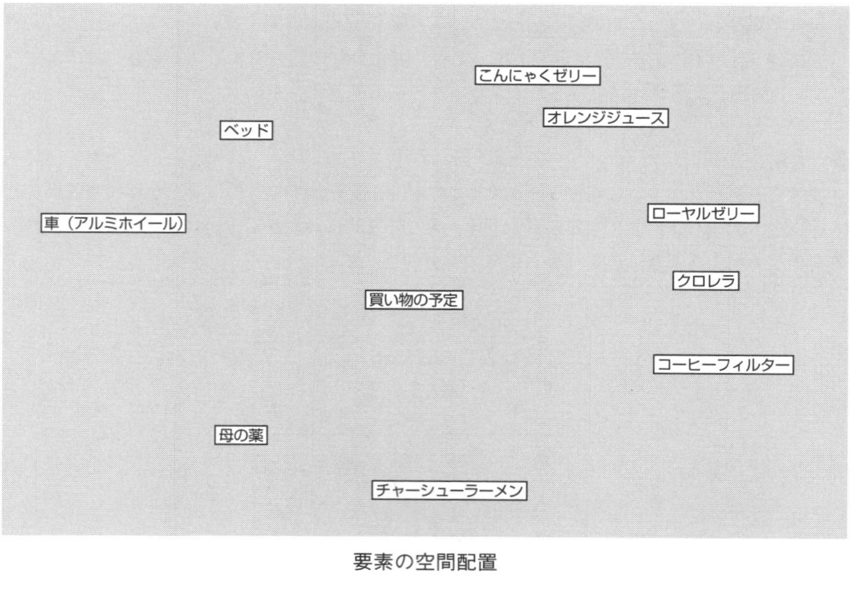

要素の空間配置

最終的な配置に落ち着いたら表示された画面を画像データとして保存することを推奨する。

要素を関係識別する

要素をダブルクリックすると緑色にハイライト表示される。その要素と対になる要素をクリックすると矢印で結ばれる。

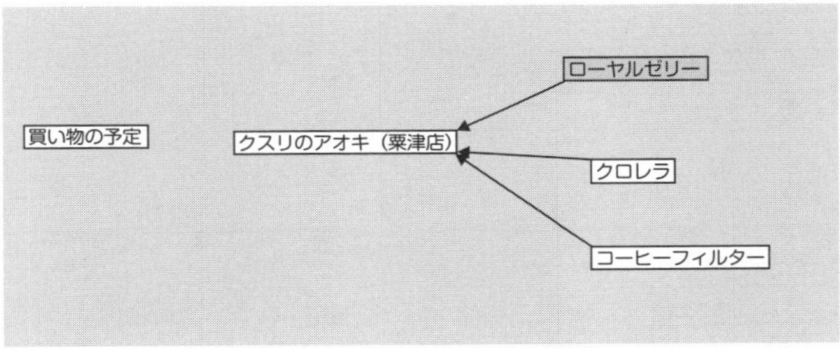

要素の関係識別

（補足）【Pair-Wise Comparison Process】にて、各「要素」を一対比較し関係識別を改めて行える。

ファイルを上書き保存する

【Over Write】にチェックを入れ、【Save】をクリックすると上書き保存される。
※適宜、上書き保存をするよう推奨する。

終了する

【Exit】をクリックする。

【注意事項】

Heuristic Majong-Like Idea-Generation Process は、ブレーンストーミングのように要素をひたすら出し・捨てることを重視している。そのため、すでに、「要素」も「関係」も頭の中で整理されている中で認識図を作成する場合は、STEP3 の Rational Problem-Structuring Process の機能を使って認識図（階層図）を作ることを勧める。

次に【Pair-Wise Comparison Process】か、【Rational Problem-Structuring Process】において要素間の関係識別を行う。前者は、すべての要素につき一対だけに着目して判断を下す場合、後者は、要素間の空間配置を配慮して関係を抜粋して入れる場合である。一般に順位づけを行う場合は前者、構造解析を中心に行う場合は後者を使う場合が多い。

STEP2 Pair-Wise Comparison Process の説明

各「要素」を一対比較し関係識別を改めて行う。これにより、ISM 法を適用した横視座からの「認識図」を把握する準備ができる。

Pair-Wise Comparison Process における基本ステップ

分析的な視点で「要素」の関係性を外在化するため、キャンバス上にあるすべての「要素」を一対比較する

初期設定をする。

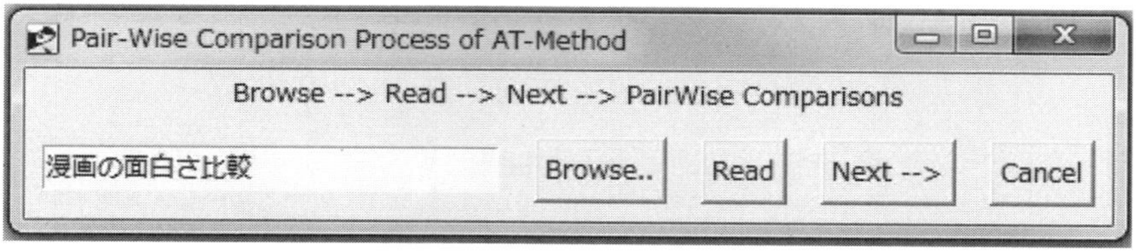

Heuristic Majong-Like Idea-Generation Process で作成したファイルを読み込む。

1.【Browse】をクリックし、既存ファイルを読み込む（拡張子は.elm）。
2.【Read】をクリックする。
3.【Next】をクリックする。そうすると一対比較の画面が表示される。

分析的な視点で「要素」の関係性を外在化するため、キャンバス上にあるすべての「要素」を一対比較する

適用関係例に沿って、4 つの関係性から 1 つを選択するという、一対比較を行う。

関係識別を行う

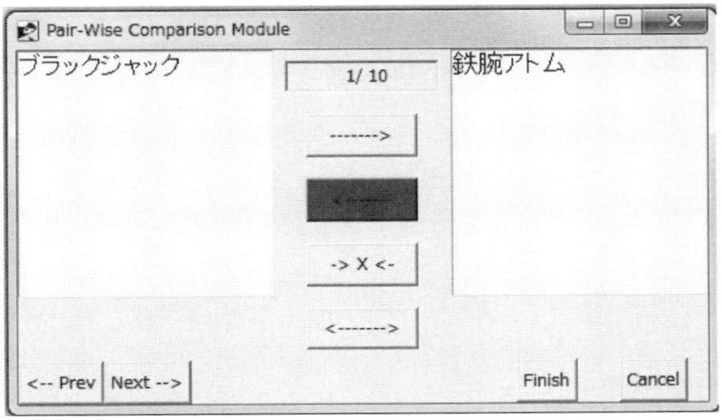

一対比較

各要素のペアが表示されるので、以下の適用関係例を参考に関係を識別（判断）していく。

A<…B　の例	A…>B　の例	A ->×<- B　の例	A<……>B　の例
AはBに規定される	BはAに規定される	関係性はない	関係性は曖昧である
AはBで構成される	BはAで構成される		
AはBから依存される	BはAから依存される		
AはBに影響を受ける	BはAに影響を受ける		
AはBに支援される	BはAに支援される		
AはBにより推進される	BはAにより推進される		
AはBより優先権を持つ	BはAより優先権を持つ		
AはBより大きい	BはAより大きい		

（補足1）【Prev】をクリックするとひとつ前のペアが表示
（補足2）【Next】をクリックするとひとつ後のペアが表示

終了する

【Finish】をクリック。
※【Finish】をクリックすると自動的に関係識別した結果が上書き保存される。

認識図は、【Rational Problem-Structuring Process】で確認することになる。

STEP3 Rational Problem-Structuring Process の説明

ISM 法の自動描画アルゴリズムにより各「要素」が階層構造図化される。その構造図から「空白」がないか解析を行う。

Rational Problem-Structuring Process における基本ステップ

Ⅰ. ISM 法が適用された階層構造図を見て孤立要素や空白（曖昧、矛盾）がないか確認をする。

Ⅱ. 孤立要素や空白（曖昧、矛盾）があれば階層構造図を再考し、必要な処置（不足要素の追加や循環要素の解消など）を行い、その上で納得のいく図解となるよう図全体の再配置をする。

初期設定をする。

ファイルを読み込む。

【Browse】をクリックし、既存ファイルを読み込む。そうすると要素と関係識別がされている場合は、その関係も表示される（拡張子は.mtx）。

Ⅰ. 階層構造図の場合、「空白（曖昧、矛盾）」がないか確認をする

「空白」となる孤立要素や「ダミー」や「サークル」がないか確認をする。また、縦の従属関係と横の展開関係について確認。

階層構造図を見る

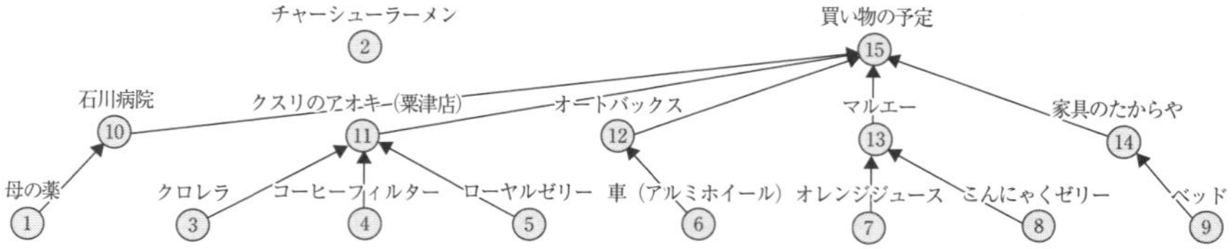

ISM 法による自動表示例

上記の階層構造図の例では、空白となる「ダミー」や「サークル」がないものの、孤立要素②があることがわかる。

それ以外に例えば、次頁図では、左列３段目にダミーが、右列３段目にサークルが表れている。この場合の?で表示されたグリーン色のダミーは、要素②と要素⑤との関係の中にもう１つ要素があるのではないかという推論をコンピュータがしていることを意味している。一方ピンクで表示された⑥のサークルノード表示は、⑥の要素とそれ以外の要素との間で双方向の

関係識別をしており、必要なら部分的に再考する必要性があることを示唆している。ただし、あくまでも推移律の適用からわかったことであり、その良し悪しはクライアントが判断すればよい。

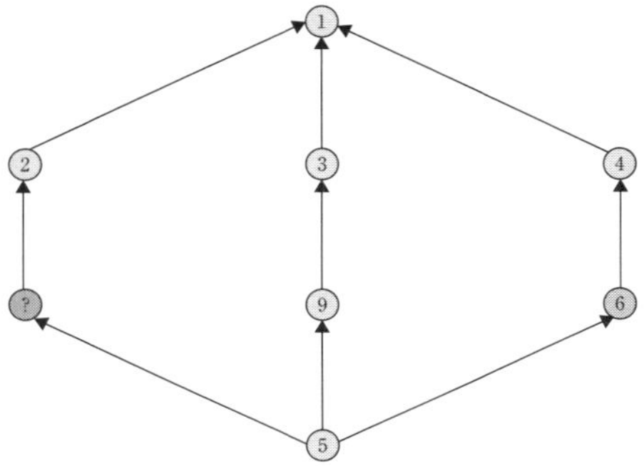

ダミーとサークル表示例

「ダミー」や「サークル」は、ノードの色により表示される。

① 通常ノード（黄色）　? ダミーノード（緑）　⑥ サークルノード（ピンク色）

サークルノードの中身を見る

サークルノードをダブルクリックすると、サークルの中身が一覧表示される。ここでは、⑥番と⑦⑧番要素が双方向性を示していることを意味している。もう一度ダブルクリックすると、表示が消える。

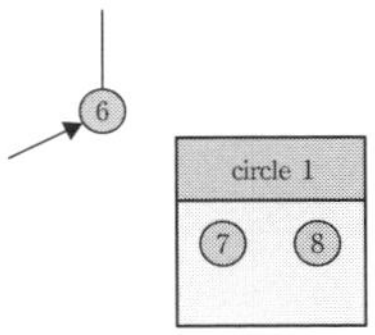

〈事例：子どもに見せたい漫画を決める〉

①　笑うセールスマン

②　鉄腕アトム

③　パーマン

④　ドラえもん

⑤　ブラックジャック

「AはBより子どもに見せたい」という関係詞によって作成されたものが右図である。これにより⑤ブラックジャックは一番上にきている。中高生にしか理解できないが他より社会性を帯びており考えさせられる点で一番見せたいとしている。また①笑うセールスマンは子どもには恐怖心をあおる点でさけていることがわかる。②鉄腕アトム、③パーマン、④ドラえもんは同じグループになっている。これは社会性があまりないものの、しかし安心して見せられるマンガという点で共通していると理解できる。

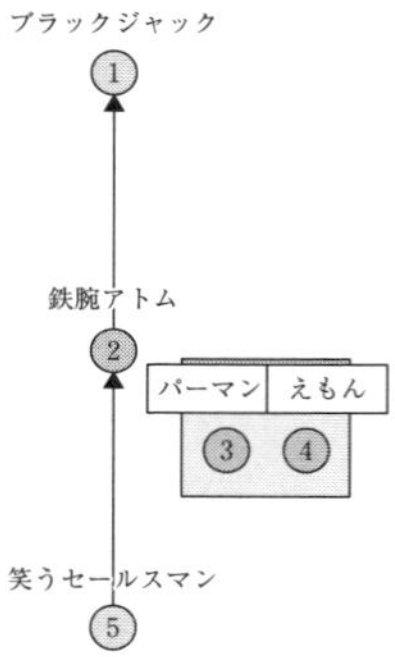

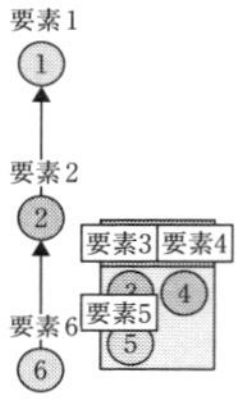

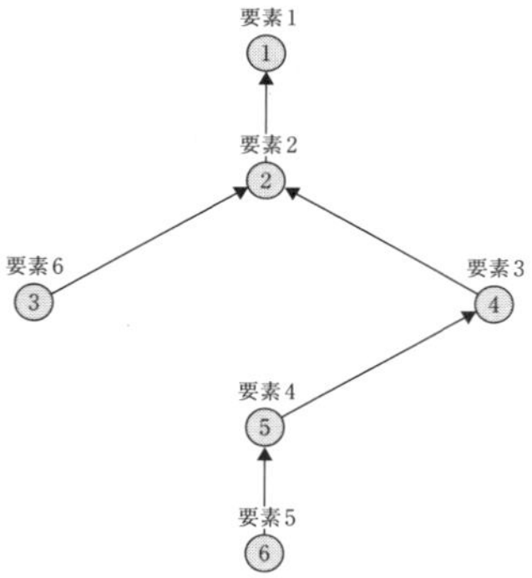

参考：サークルの対処

上図左では、要素②③④⑤の関係に曖昧さ（あるいは矛盾）があることを示している。クライアントは、この4要素の関係について一考し、必要ならば再考することになる。上図右は、再考の結果、要素②＞要素③＞要素④＞要素⑤の優先順位をつけなおした場合の再表示例である。

〈事例：5人の役割機能の検証〉

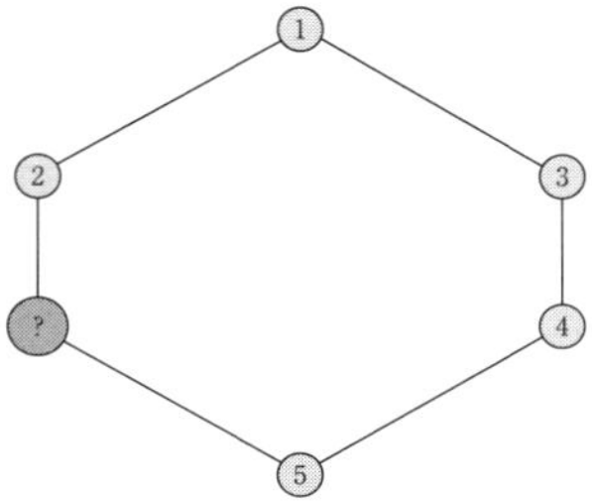

ダミーの創造

この例は、ISM法を用いて5人の関係機能の創発を試みている。図の“?”は、推移律の適用によって発生した機能の空白（ダミー）である。これは、組織としての役割プロセスを十分に機能させるために人員が不足することを意味している。これに対しあくまでも5人で分担するのなら、②と⑤には新たな負担が課せられることが考えられる。一方そのことが問題であるなら、②と⑤を繋ぐ機能的役割を検討しそのための人員を補充することが必要になってくる。

我々は与えられた2つの連関について考える能力はあっても、連関が存在する2項目を生み出す能力はない。しかし、ISM法では、推移律によって恣意的に作り出すことのできない空白を生み出し、発想のキッカケを生むのである。これがコンピュータ支援の最大の貢献である。

参考：ダミーの対処

次頁左図では、要素④と要素②の関係を有りとしたために、概念的に要素⑤と同じレベルの要素が存在するのではないかという問いをシステムが提示している。クライアントは、新たに要素が考えられたなら?のダミー要素を次節で説明するノード名の変更方法に従って書き換えればよい。一方、要素④と要素②の関係を再考してみて関係がないと判断したならば両者のリンク線を消すことによって次頁右図のように自動表示される。

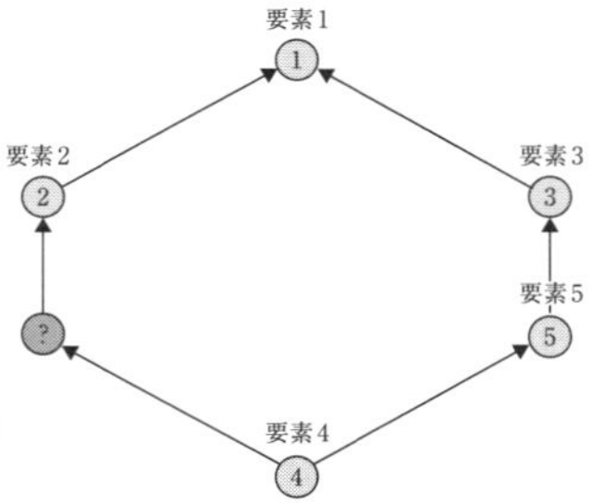

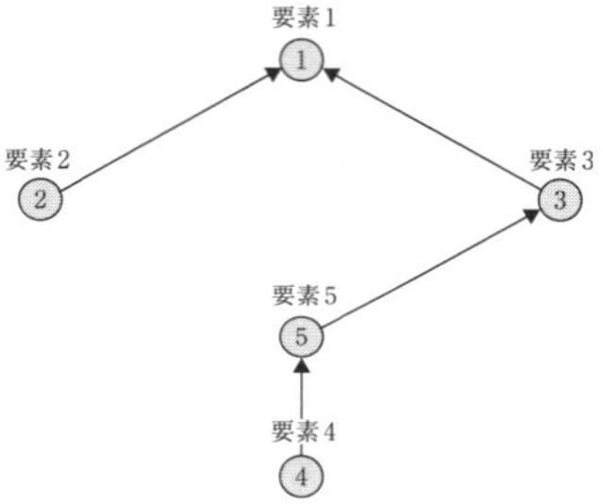

Ⅱ．孤立要素や空白（曖昧、矛盾）があれば階層構造図を再考し、必要な処置（不足要素の追加や循環要素の解消など）を行い、その上で納得のいく図解となるよう図全体の再配置をする

階層構造図を整理する場合は、ノードの追加・削除・修正、矢印の修正により行う。

新規ノードを作成する

フィールドメニュー（後述）から“Append Node”を選択すると、新規ノードを作成することができる。

新規ノードの番号は最終番号、ノード名は“no name”とつけられる。

ノード名を変更する

ノード名をダブルクリックするとノード名の変更ができる。

新規ノードには“no name”、ダミーノードには“dummy”がノード名としてつけられている。名称を直接入力して変更すると、正式ノードとなる。

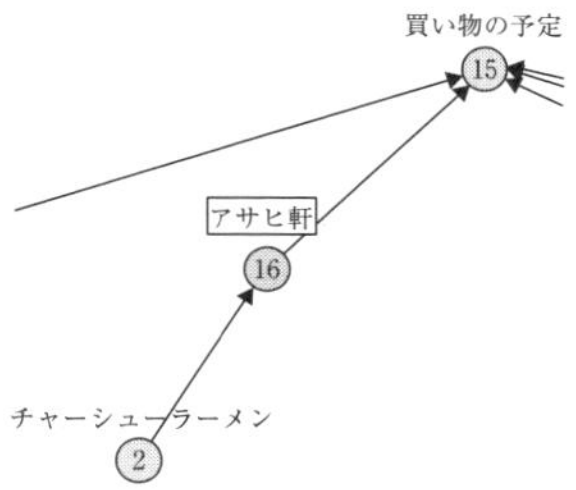

ノードを削除する

ノードメニューから“Erase Node”を選択すると、ノードが削除される。

ノードと共に、その関係線も削除される。同時に初期マトリクスの該当データも削除される。

関係性を作成する

新規に関係線を作成するには、線を引きたい元のノードをダブルクリックする。

ノードが緑色の枠線で囲まれたのを確認して引く先のノードをダブルクリックすると、関係線が引かれる。同時にノード間の関係（初期マトリクス）も作成される。

関係性を削除する

関係線を削除するには、関係線をダブルクリックする。

同時にノード間の関係（初期マトリクス）は消去される。

ノードを移動する

マウスをドラッグするとノードを移動することができる。

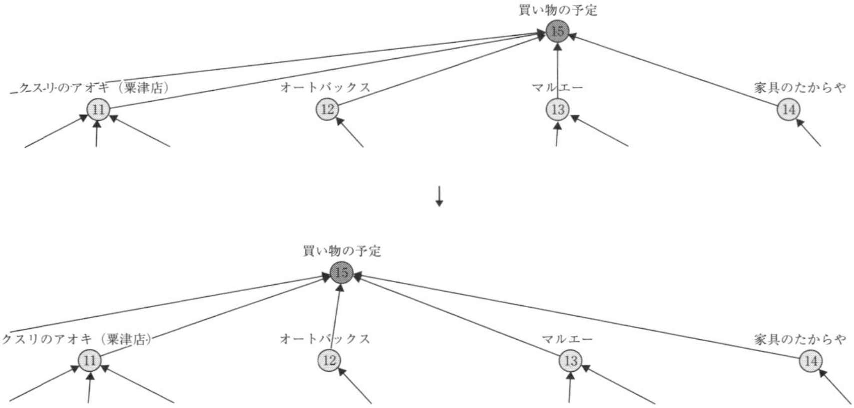

さまざまな機能を活用する

　フィールドおよびノード上でマウスのボタンを右クリックすると、メニューが表示される。

　サークルノードをダブルクリックすると、表示されるサークルメンバ一覧のタイトルが表示される。

　サークルノードを右クリックすると、サークルメニューが表示される。

●フィールドメニュー

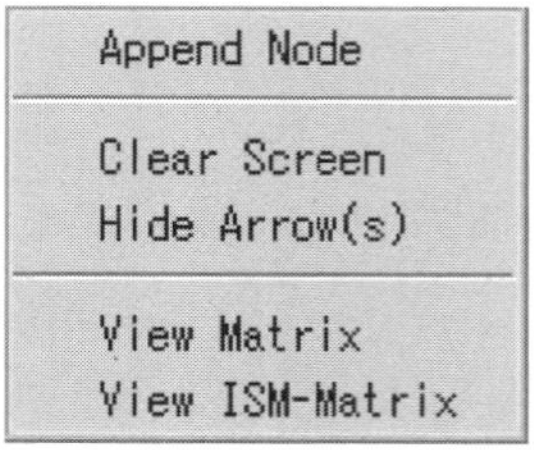

【Append Node】…新規ノードを追加する。
【Clear Screen】…表示画面をクリアする。同時にマトリクスも消去される。
【Hide Arrow(s)】…関係線の矢印を非表示にする。
【View Matrix】…読み込んだマトリクス（ISM 実行前）を表示する。
【View ISM-Matrix】…ISM を実行したマトリクスを表示する。

●ノードメニュー

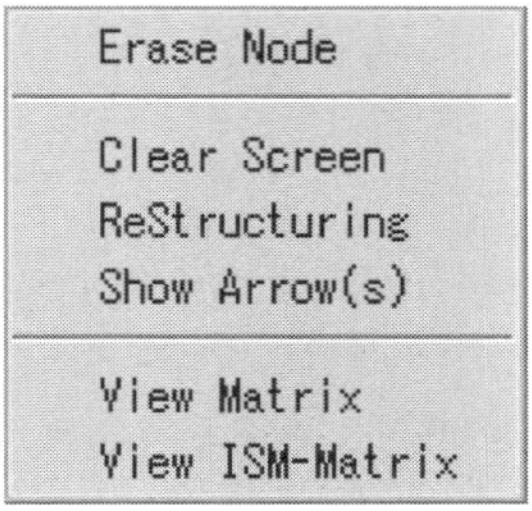

【Erase Node】…ノードを削除する。
【Clear Screen】…スクリーンを初期化する。
【ReStructuring】…ISMを再実行する。ノードや関係線に手を加えた場合、再度ISMを実行、マトリクスを構築しなければならない。
【Show Arrow(s)】…関係線の矢印を表示する。
【View Matrix】…関係識別の行列を表示する。
【View ISM-Matrix】…正規化された行列を表示する。

●サークルメニュー（全体）

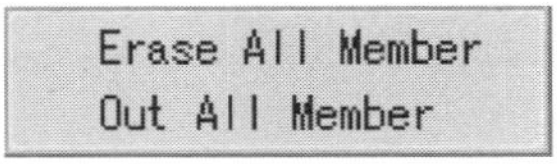

【Erase All Member】…サークルのメンバを削除し、表示されている代表メンバを独立したノードにする。
【Out All Member】…サークルのメンバをすべて解放し、新規ノードとして扱う。ノード名やノード番号は保持される。

●サークルメニュー（ノード別）

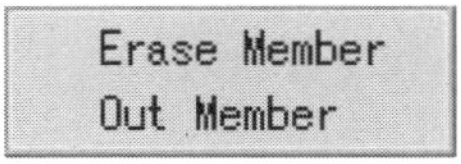

【Erase Member】…サークルのメンバを削除する。
【Out Member】…サークルのメンバを解放し、新規ノードとして扱う。ノード名やノード番号は保持される。

ファイルを上書き保存する

【Over Write】にチェックを入れ、【Save】をクリックすると上書き保存される。

※適宜、上書き保存をする。

〈事例：今日の買い物〉

ある夏の土曜日家族で買い物をかねて外出することになった。前々からほしいものがあったのだが、つい先日ボーナスが支給されたので日常のものといっしょに見に行くことになった。当初買う予定としては⑯ダブルベッド、⑧母の薬、⑩クロレラ、⑪コーヒーフィルター、⑭オレンジジュース、⑬アルミホイール、⑫ローヤルゼリーであった。⑩クロレラと⑪コーヒーフィルターと⑫ローヤルゼリーはともにドラッグストアで売っている（→グループ化）。それ以外のものはそれぞれ別の店である。また、⑧母の薬は加賀市の②石川病院でもらわなくてはいけない。一方⑯ダブルベッドは金沢にある家具のたからやの広告のものがみたい。

現在の家は辰口町であるので、そこから②石川病院と⑦家具のたからやへは大体同じ距離である。効率を考えればどちらかを起点として途中でその他の品を見ていけばよいと考えた。国道８号線上にある店を中心に決めることにした。

そこで⑬アルミホイールは⑤オートバックス小松店で、ドラッグストアは④アオキ粟津店、⑭オレンジジュースは⑥マルエー寺井店で買えば、ほぼ国道沿いである。これでスケジュールをたてればよい。

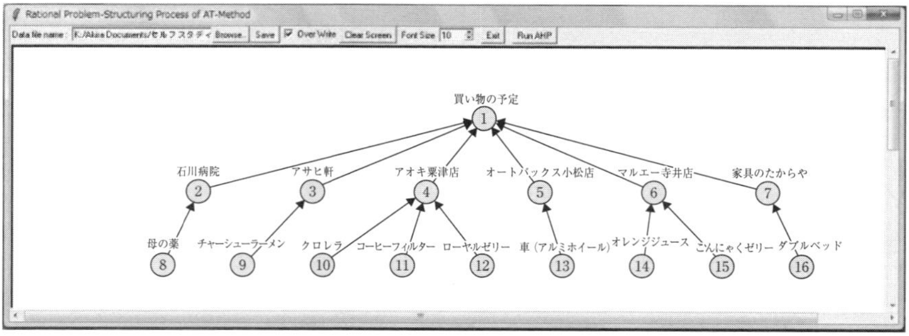

買い物場所のまとめ

ただ昼食のことも考えなくてはいけない。それならば、いきつけの片山津駅近くにある③アサヒ軒の⑨チャーシューラーメンが食べたい。 一方妻は「たしか今日の折り込みでマルエー寺井店は⑮こんにゃくゼリーが特価品で出ていた。できたらそれも買いたい」と言う。そこで⑨チャーシューラーメンと⑮こんにゃくゼリーを加えることにした。

これで、どこで何をするのか決まった。次は位置関係を考慮した手順を考える。そこで地図を広げる（次頁左図)。家具のたからやを起点としてダブルベッドやアルミホイールをゆっくり見て

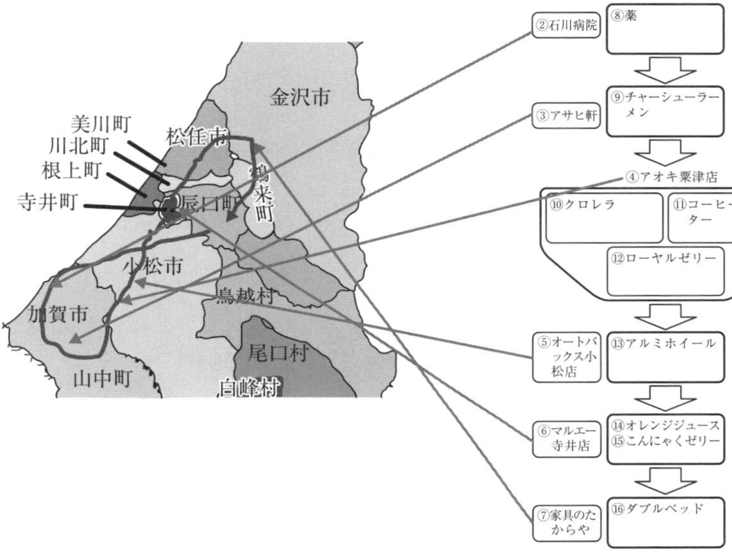

買い物の筋書き（スクリプト）

いると昼食時間を大きく過ぎてしまうので、起点を石川病院とした。これらを考慮した結果、同図に示すような買い物計画が完成した。

次は、【Problem-Solving Process in Template Model】で問題提起、現状と目標、問題解決（代替案も含む）を整理してみよう。

STEP4 Problem-Solving Process in Template Model の説明

プロセス思考の論理構成が可能にならば、プロセス思考テンプレートを活用して各「要素」を問題提起、現状と目標、問題解決（代替案も含む）のエリアに再配置する。これにより、より説得性の高い主張を獲得することを目指す。

Problem-Solving Process in Template Model における基本ステップ

Ⅰ．階層構造図の解釈をもとにプロセス思考の論理構成への形成が可能であれば、テンプレートを完成させる

Ⅱ．テンプレートに空白が見つかれば、カード入力による穴埋め作業を行う

初期設定をする。

Rational Problem-Structuring Process で作成したファイルを読み込む。

【Browse】をクリックし、既存ファイルを読み込む（拡張子は.elm）。

Ⅰ．階層構造図の解釈をもとに、プロセス思考の論理構成への形成が可能であれば、テンプレートを完成させる

カードをマウス操作によってドラッグしてテンプレートを完成する。

プロセス思考テンプレートで深く考える

プロセス思考テンプレートを活用して各「要素」を問題提起、現状と目標、問題解決（代替案も含む）のエリアに再配置していき、より説得性の高い主張を獲得する。

ファイルを読み込むと、キャンバスの左下に読み込んだファイルの要素がカードとなり表示されるので、これをドラッグして再配置して、テンプレートを完成させる。

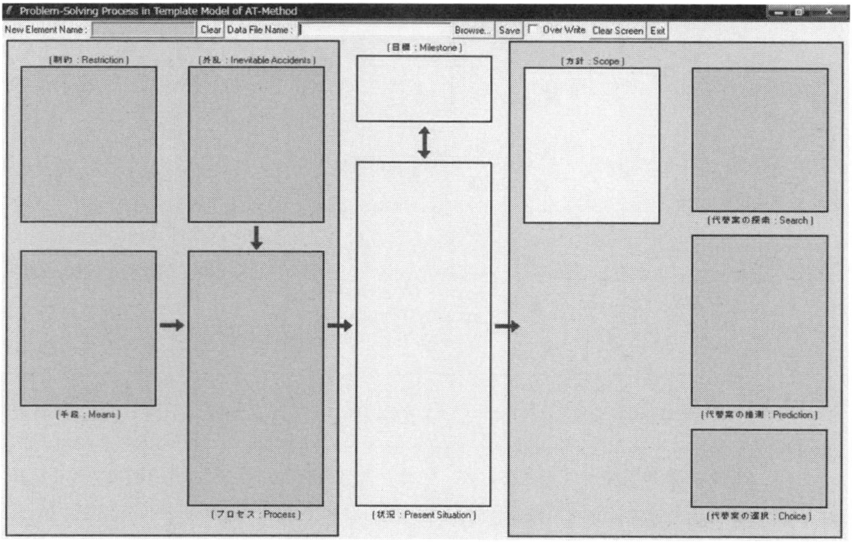

プロセス思考テンプレート初期画面

Ⅱ．テンプレートに空白が見つかれば、カード入力による穴埋め作業を行う

カード入力をして、テンプレートを完成させる。

カードを作成する

【New Element Name】にカードを入力するとキャンバスに表示される。これを、ドラッグして配置する。

ファイルを上書き保存する

Over Write にチェックを入れ、【Save】をクリックすると上書き保存される。

※適宜、ファイルを上書きすること。

終了する

【Exit】をクリックする。

〈事例：問題解決テンプレートを用いたアイデアの創発例〉

T大学の仁志君は、月曜日の1時間目の“問題解決学”にまた遅刻してしまった。教師は、「どうして君は遅刻がこんなに多いのか、今度遅刻したら単位を認めない」と述べ、さらに、次週までにその理由（原因）を究明し今後の対策についてレポートを書き、教師を含め全員に説明するように言った。さらに、その他の学生に対しては、「その説明に対してどのような感想を持ったかをレポートしなさい」という指示がなされた。

〈以下は、仁志君の回想である〉

月曜日はいつも混雑していた。

でも、7時に出れば、間に合っていた。

その日は、たまたま雨が降っていたため、いつもより混んでいたように思えた

（A君は、電車で富山駅に着き、バスに乗り換えて通学していた）。

その日は富山駅で突然、腹痛に襲われ、トイレに入ってしまった。

そのため、1本バスを遅らせてしまった。

あまり胃腸が強くないのに昨日、夜遅くに深酒をしてしまった。

だから、もし、雨が降っていなかったら、混雑していなくて遅刻しなかったかもしれない。

……………

Q．遅刻したばかりの仁志君に回答を求めたとして、あなたが仁志君だったならどのような回答をするだろうか。

たぶん、「気の緩みを引き締めて、これからは、深酒などせず早く寝ます」と答えるのではないだろうか。どうしてそんなことまでわかるのか。なぜなら、筆者もついそう答えてしまうと思うし、その（精神論的）答えが少なくとも日本では一般的であると考えているからである。

しかし、もし次頁の図のような問題テンプレートを使ってじっくり考えることがあれば、もう少し違った答えが出るかもしれない。

仁志君の制約としては、胃腸が弱いこと、通学手段としては、電車とバスの乗り継ぎ手段

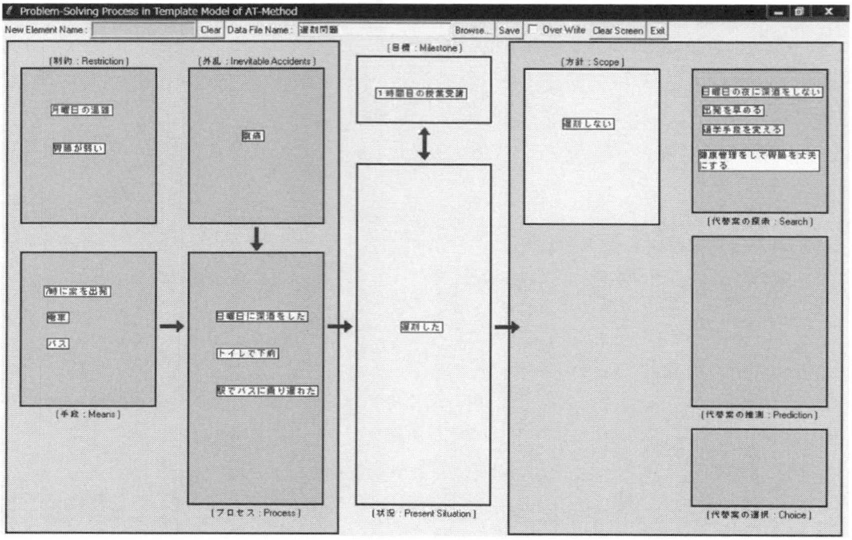

遅刻問題のテンプレート

の落とし穴が、実際の行為としては、駅でトイレへ行ったことと前日深酒をしてしまったこと、外乱（予想外の出来事）は突然の腹痛が関係している。そして対策の相対的難易度より順位づけが考えられる。

一般に活動の改善 → 手段の変更 → 制約の解消の順に対策が難しいと言われている。ここでは、いちばん容易な対策は前日には今後深酒をしないことである。次に出発時間を7時以前に変更する。あるいは自家用車などによる通学手段を考える。そして胃腸を丈夫にすることが考えられるのである。

次は、【AHP（Rational Problem-Structuring Processの機能の一部）】で主張（代替案との比較）を重要度比較する。

STEP 5 AHPの説明

ISM法の自動描画アルゴリズムを用いて代替案も含めた問題解決の主張に対して評価構造を作って重要度比較し総合得点化する。

これにより、経験的・嗜好的な評価から、より信頼性のある階層的意思決定による客観的評価ができる。

AHP における基本ステップ

Ⅰ．AHP 法による重要度評価をするため、評価基準を考え評価構造を作成する

Ⅱ．評価構造を見て全体把握をしながら、AHP 法により一対比較をし、主張の階層的意思決定による客観的評価を行う

AHP は AT-METHOD（サークル対応）が必要である。

Ⅰ．AHP 法による重要度評価をするため、評価基準を考え評価構造を作成する

意思決定に重要な評価基準を作成し、多階層からなる評価構造図を作成する。

〈例示を説明する前に…その背景とは〉

せっかくの日曜日なので、ドライブをかねてラーメンを食べに行こうということになった。そこで、何を食べたいか意見を出しあった。その結果、富山県と石川県にまたがって6つの候補があがった。そこで、5人全員で Heuristic Majong-Like Idea-Generation Process で比較を入力した。その結果下図となった。しかし、これでは、どれが一番なのかわからないので、Rational Problem-Structuring Process で表示したところ次頁上図のようになってしまった。これは、8番らーめんのバターラーメンとアサヒ軒のにんにくラーメンといろはの富山ブラックラーメンの順位がサークルになっていることを意味している。そこで、より分析的に、ラーメンのおいしさに関する嗜好を吟味しながら AHP 法を使ってこれら3つのどれにするかを決めることにした。

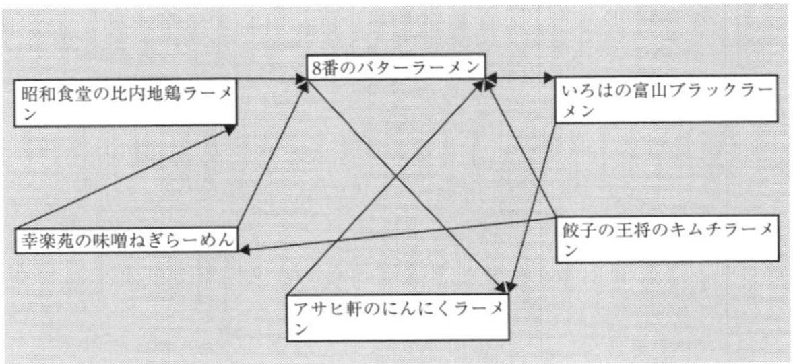

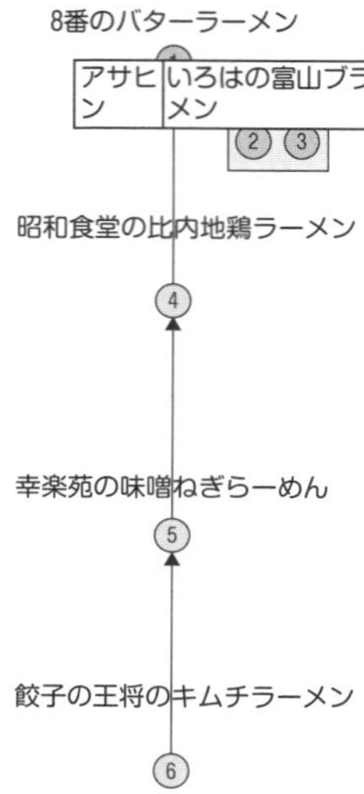

評価構造をつくる

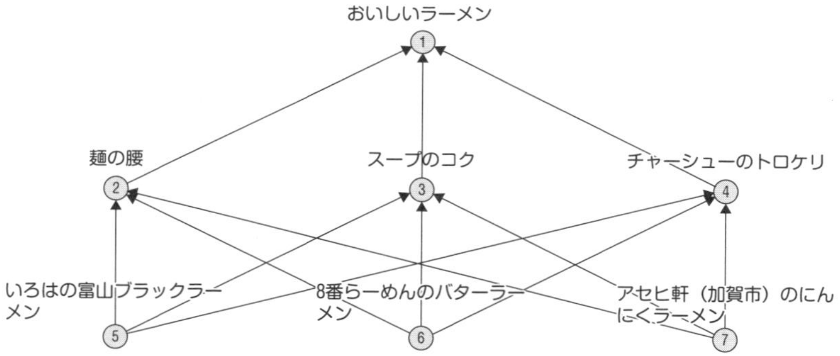

評価構造

AHP 法を適用するための評価構造を上図に示す。
これは、第二階層には評価軸を第三階層には代替案を結んだ評価構造である。

【作成方法】

方法 A：STEP1 Heuristic Majong-Like Idea-Generation Process で要素を入力し、要素の関係識別もして新規保存する。

方法 B：STEP3 Rational Problem-Structuring Process で新規ノードを作成し、関係性も

作成して新規保存する。

Ⅱ. 評価構造を見て全体把握をしながら、AHP 法により一対比較をし、主張の階層的意思決定による客観的評価を行う

次に、評価構造の全体を常に表示させながら、重要度の一対比較をする。

AHP を起動する

1. STEP3 で使用した Rational Problem-Structuring Process を起動する。
2. 【Browse】をクリックし、初期設定で作成したファイルを読み込む（拡張子は.elm）。そうすると階層構造図化された認識図が表示される。
3. 【RunAHP】をクリックすると重要性比較画面が表示される。

重要性評価を行う

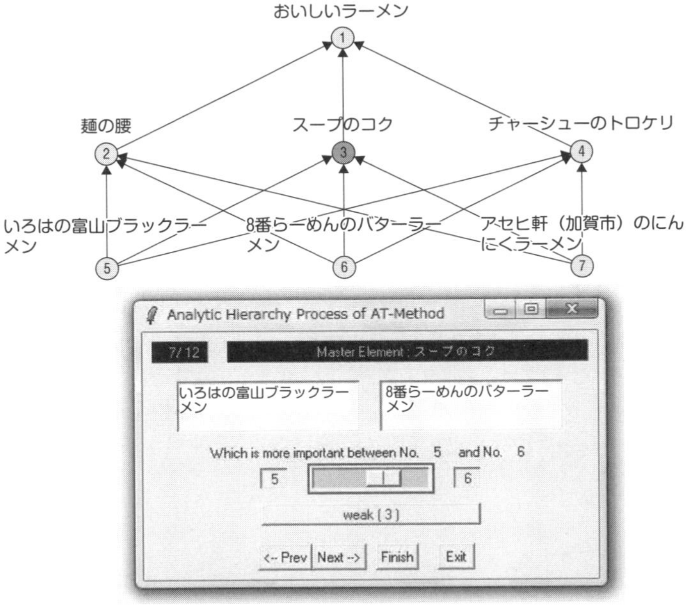

重要度一対比較

ペアが表示されるので、どちらが重要か、評価構造の全体を見ながら一対比較で判断していく。

重要度の比較は、以下のスケールで判断していく。

（重要←）9　8　…　1（イコール）　…　8　9　（→重要）

すべてのペアの判断が終了したら【Finish】をクリックする。

（補足 1）【Prev】をクリックするとひとつ前のペアが表示される。

（補足 2）【Next】をクリックするとひとつ後のペアが表示される。

AHP の結果をみる

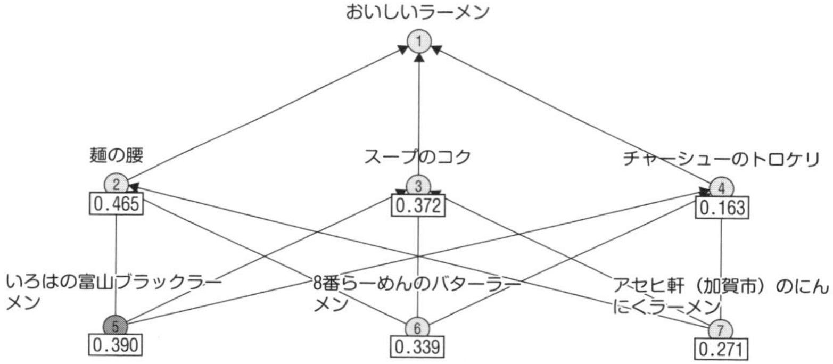

総合評価結果

各評価軸に対して主張や代替案の重要度を比較していった結果として総合評価結果が表示される。

これが、筆者の家族 5 人で行った富山県と石川県にある 3 軒の一押しラーメンの順位付けである。総合ウェイトが 0.390 と 0.339 と僅差ではあったが、いろはの富山ブラックラーメンが 8 番らーめんのバターラーメンよりもおいしいと感じていることがわかる。両者に関しては、一対比較画面からもわかるようにスープのコクでは 8 番らーめんのバターラーメンが好ましいと感じていたが、判断基準の麺の腰を 0.465 ともっとも重視したこともあり総合評価では順位が入れ替わってしまった。

終了する

【Finish】をクリックする。

AT-METHOD の基本的な操作説明は以上である。

＊なお、AT-METHOD は、希望者に提供している。

問合せ先：〒 930-8555 富山市五福 3190
富山大学大学院　教職実践開発研究科　竹村研究室

ISM法

ISM法とは、Warfield［1974］によって開発された構造分析手法で、Interpretive Structural Modelingの略記である。この適用目的も、KJ法と同様に、構造解釈（Interpretive structure）のための適用と順位図（Priority structure）作成のために分かれているが、ここでも前者を中心とした説明を行う。

この方法は、図1に示すようなプロセスで構成されている。このプロセスに沿って、ISM法の基本概念と特徴について述べる。まず、対象として認識している問題に対して、ブレーンストーミングなどによって、関連する要素が抽出される。それらの要素の集まりを要素集合Sとする。

$$S \equiv \{s_k\} \qquad (k=1, 2, \cdots, n)$$

次に、これら要素間の関係の有無を検討するために、現在着目している問題について要素間の関係を表す言葉、例えば「規定される」「支援される」「影響を受ける」などといった関係詞を設定する。その関係詞をもとに$s_i, s_j \in S$に対して一対比較を行い、例えばs_iがs_jに「規定される」あるいは「影響を与える」と判断すればd_{ij}に1を入れ、そうでないと判断すればd_{ij}に0を入れる。

その結果、集合Sの要素を行、列とする$n \times n$の「関係データ行列」Dが作成される。

$$D \equiv \{d_{ij}\} \qquad (i, j=1, 2, \cdots, n)$$

Dのij項目d_{ij}には、この段階では、要素間の直接的関係も間接的関係も区別されずに含まれている。ISM法の根幹は、この「関係行列」を要素間の直接的関係のみを示す「骨格行列」に変換し、問題認識を「階層構造図」として外部化するアルゴリズムにある。

この「階層構造図」を検討し、解釈（interpretation）を行い、主体が納得いけば、その階層構造図が対象である問題の認識を表していることになる。そうでない場合は、図1の2つのフィードバックプロセスのいずれかをとる。ひとつは、階層構造図として外部化された自身の認識を見て、自覚している認識の不十分さに気づき、もう一度自身の問題要素の抽出から考え

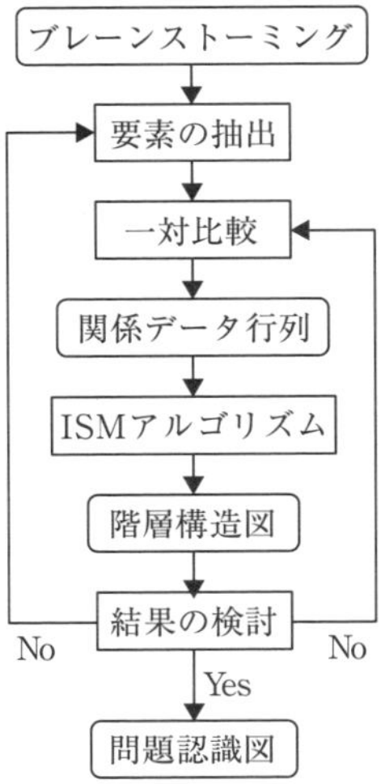

図1　ISMプロセス

直すプロセスである。もうひとつは、自覚している認識と階層構造図を比較し、要素間の関係を再考するプロセスである。こちらのほうは、小修正ということになる。これらのフィードバックは、主体が納得するまで繰り返す。

このISM法の特徴は、第1には、チェックランドのソフトシステム方法論（SSM）と同様に、問題解決についての思想を有していることである。つまり問題認識自身が初めから明確ではなく、問題認識の明確化のためには、いったん自身の認識を外部化し、自身の“曖昧な”あるいは“思い込んだ”認識を意識的に検討することで、学習し、それによって問題をより明確化することを理想としている。

第2には前述したように、要素間の直接的関係も間接的関係も区別されずに含まれている「関係データ行列」を、要素間の直接的関係のみを表す骨格行列に変換し、階層構造図として表示するアルゴリズムを有していることである。

例えば、緊急避難路の走行信頼性評価を対象としたとき、表1に示すように15個の要素が抽出されたとする。そしてこれらの要素間の一対比較結果による「関係データ行列」が図2となったとする。この「関係データ行列」は、ISM法のアルゴリズムによって図3の骨格行列に変換される。図4は、この行列をもとに作成される「階層構造図」である。

図4からわかるように、この「階層構造図」は4レベルとなっている。レベル1には1個の要素があり、レベル2には2個の要素があり、さらにレベル3には5個、レベル4には7個ある。これは、図3の行列が4×4の部分に分割されていることに対応している。そして、これらの要素間の結線は、この行列の網掛けした部分行列（隣接行列）によって与えられている。

図2には、直接的な関係だけでなく間接的な関係も入っている。例えば要素10と要素1とは、関係があるとして“1”が入っている。しかし、この関係は直接的なものではなく、要素2を介しての間接的関係である。このことは、図3で見れば要素10と要素1との関係が“0”とされていることによってわかる。図2だけから階層構造図を作ろうとすれば、このように要素間の関係が直接的か間接的かを把握する必要があり、難しい。これに対し、図3の行列が用意できるならば、一対比較の段階では直接・間接の区別が必要なくなり、より広範な問題を提供することに専念できることになる。

表1　緊急避難路信頼性評価要素

要素番号	要素名
1	緊急路の走行可能性
2	緊急路の幅員制約
3	火災・延焼・爆発
4	自動車の道路占有
5	車線数
6	道路損傷
7	橋梁被害
8	緊急路の切断
9	交通量
10	路上散乱物
11	地盤タイプ
12	危険物
13	道路強度
14	橋梁強度
15	路側面建造物

	1	2	3	4	5	6	7	8	9	10	11	12	13	14	15
1	0	0	0	0	0	0	0	0	0	0	0	0	0	0	0
2	1	0	0	0	0	0	0	0	0	0	0	0	0	0	0
3	1	0	0	0	0	0	0	1	0	0	0	0	0	0	0
4	1	1	0	0	0	0	0	0	0	0	0	0	0	0	0
5	1	0	0	1	0	0	0	0	0	0	0	0	0	0	0
6	1	1	0	0	0	0	0	1	0	0	0	0	0	0	0
7	0	0	0	0	0	0	0	1	0	0	0	0	0	0	0
8	1	0	0	0	0	0	0	0	0	0	0	0	0	0	0
9	0	0	0	1	0	0	0	0	0	0	0	0	0	0	0
10	1	1	0	0	0	0	0	0	0	0	0	0	0	0	0
11	1	0	1	0	0	1	1	1	0	1	0	0	0	0	0
12	1	0	1	0	0	0	0	0	0	0	0	0	0	0	0
13	0	0	0	0	0	1	0	0	0	0	0	0	0	0	0
14	0	0	0	0	0	0	1	1	0	0	0	0	0	0	0
15	1	1	0	0	0	0	0	0	0	1	0	0	0	0	0

図２　関係データ行列

	1	2	8	3	4	6	7	10	5	9	11	12	13	14	15
1	1	0	0	0	0	0	0	0	0	0	0	0	0	0	0
2	1	1	0	0	0	0	0	0	0	0	0	0	0	0	0
8	1	0	1	0	0	0	0	0	0	0	0	0	0	0	0
3	0	0	1	1	0	0	0	0	0	0	0	0	0	0	0
4	0	1	0	0	1	0	0	0	0	0	0	0	0	0	0
6	0	1	1	0	0	1	0	0	0	0	0	0	0	0	0
7	0	0	1	0	0	0	1	0	0	0	0	0	0	0	0
10	0	1	0	0	0	0	0	1	0	0	0	0	0	0	0
5	0	0	0	0	1	0	0	0	1	0	0	0	0	0	0
9	0	0	0	0	1	0	0	0	0	1	0	0	0	0	0
11	0	0	0	1	0	1	1	1	0	0	1	0	0	0	0
12	0	0	0	1	0	0	0	0	0	0	0	1	0	0	0
13	0	0	0	0	0	1	0	0	0	0	0	0	1	0	0
14	0	0	0	0	0	0	1	0	0	0	0	0	0	1	0
15	0	0	0	0	0	0	0	1	0	0	0	0	0	0	1

図３　正規行列

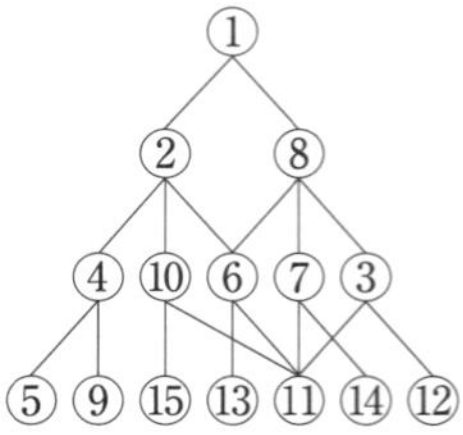

図４　階層構造図

ISM 法の図解化アルゴリズム

まず次のような９行９列の関係データ行列を用いて説明する。

（1）　可達行列の作成

$$D=\begin{bmatrix} 0&0&0&0&0&0&0&0&0\\ 1&0&0&0&0&0&0&0&0\\ 1&0&0&0&0&0&0&0&0\\ 1&0&0&0&0&0&0&0&0\\ 0&1&0&1&0&0&0&1&1\\ 0&0&0&1&0&0&1&1&0\\ 0&0&0&1&0&1&0&1&0\\ 0&0&0&1&0&1&1&0&0\\ 0&0&1&0&0&0&0&0&0 \end{bmatrix}\qquad M=\begin{bmatrix} 1&0&0&0&0&0&0&0&0\\ 1&1&0&0&0&0&0&0&0\\ 1&0&1&0&0&0&0&0&0\\ 1&0&0&1&0&0&0&0&0\\ 1&1&0&1&1&1&1&1&1\\ 1&0&0&1&0&1&1&1&0\\ 1&0&0&1&0&1&1&1&0\\ 1&0&0&1&0&1&1&1&0\\ 1&0&1&0&0&0&0&0&1 \end{bmatrix}$$

【例】

$$D=\begin{bmatrix} 0&0&0&0\\ 0&0&1&1\\ 1&0&0&0\\ 1&0&0&0 \end{bmatrix}$$ …関係データ行列

$$(D+I)=\begin{bmatrix} 1&0&0&0\\ 0&1&1&1\\ 1&0&1&0\\ 1&0&0&1 \end{bmatrix}$$

$$(D+I)^2=\begin{bmatrix} 1&0&0&0\\ 0&1&1&1\\ 1&0&1&0\\ 1&0&0&1 \end{bmatrix}\begin{bmatrix} 1&0&0&0\\ 0&1&1&1\\ 1&0&1&0\\ 1&0&0&1 \end{bmatrix}=\begin{bmatrix} 1&0&0&0\\ 1&1&1&1\\ 1&0&1&0\\ 1&0&0&1 \end{bmatrix}$$

$$(D+I)^3=\begin{bmatrix}1&0&0&0\\1&1&1&1\\1&0&1&0\\1&0&0&1\end{bmatrix}\begin{bmatrix}1&0&0&0\\0&1&1&1\\1&0&1&0\\1&0&0&1\end{bmatrix}=\begin{bmatrix}1&0&0&0\\1&1&1&1\\1&0&1&0\\1&0&0&1\end{bmatrix}$$

$(D+I)^3=(D+I)^2=M$…可達行列

この演算のとき、2以上の値はすべて1とする（ブール演算）。

単位行列を I として $(D+I)^{n+1}=(D+I)^n$ となるまで演算を繰り返し、求められた行列を可達行列 M とする。

（2） レベル分割

求められた可達行列 M について現トップレベルにあるものから順に除外していき、各要素のレベルを決定していく。

①	1	0	0	0	0	0	0	0	0
②	1	1	0	0	0	0	0	0	0
③	1	0	1	0	0	0	0	0	0
④	1	0	0	1	0	0	0	0	0
⑥	1	0	0	1	1	1	1	0	0
⑦	1	0	0	1	1	1	1	0	0
⑧	1	0	0	1	1	1	1	0	0
⑨	1	0	1	0	0	0	0	1	0
⑤	1	1	0	1	1	1	1	1	1

レベル 1：①

②	1	0	0	0	0	0	0	0
③	0	1	0	0	0	0	0	0
④	0	0	1	0	0	0	0	0
⑥	0	0	1	1	1	1	0	0
⑦	0	0	1	1	1	1	0	0
⑧	0	0	1	1	1	1	0	0
⑨	0	1	0	0	0	0	1	0
⑤	1	0	1	1	1	1	1	1

レベル 2：②③④

⑥	1	1	1	0	0	レベル3：⑥⑦⑧⑨
⑦	1	1	1	0	0	
⑧	1	1	1	0	0	
⑨	0	0	0	1	0	
⑤	1	1	1	1	1	レベル4：⑤

⑥⑦⑧は循環集合（互いにサイクルをなしている要素集合）であるので同一レベルとみなす。

（3）　圧縮行列

循環集合から1つの要素を選び、代表要素とし、その部分集合に含まれる他の要素の行と列を削除する。

循環集合 ⇒ 代表要素
⑥⑦⑧　　　⑥

$M'=$

1	0	0	0	0	0	0	①
1	1	0	0	0	0	0	②
1	0	1	0	0	0	0	③
1	0	0	1	1	0	0	④
1	0	0	1	1	0	0	⑥
1	0	1	0	0	1	0	⑨
1	1	0	1	1	0	1	⑤

（4）　正規行列の作成

M'の隣接行列以外の要素値を0にする。

$M'=$

1	0	0	0	0	0	0	①
1	1	0	0	0	0	0	②
1	0	1	0	0	0	0	③
1	0	0	1	0	0	0	④
1	0	0	1	1	0	0	⑥
1	0	1	0	0	1	0	⑨
1	1	0	1	1	0	1	⑤

$$N_{32}\times N_{21}=\begin{bmatrix}0&0&1\\0&1&0\end{bmatrix}\times\begin{bmatrix}1\\1\\1\end{bmatrix}=\begin{bmatrix}1\\1\end{bmatrix}=N_{31}$$

$$N_{43}\times N_{32}=\begin{bmatrix}1&0\end{bmatrix}\times\begin{bmatrix}0&0&1\\0&1&0\end{bmatrix}$$ ②③④

$$=\begin{bmatrix}0 & 0 & 1\end{bmatrix}\neq N_{42}=\begin{bmatrix}1 & 0 & 1\end{bmatrix} \quad ⑤$$

このように推移律が成り立たない場合がある。このようなとき第4レベル要素⑤から第2レベルの要素②への関係を仲立ちする要素（ダミー要素⑩）を挿入する必要がある。

$$M'=\left[\begin{array}{c|ccc|cc|c|c} 1 & 0 & 0 & 0 & 0 & 0 & 0 & 0 \\ \hline 1 & 1 & 0 & 0 & 0 & 0 & 0 & 0 \\ 1 & 0 & 1 & 0 & 0 & 0 & 0 & 0 \\ 1 & 0 & 0 & 1 & 0 & 0 & 0 & 0 \\ \hline 1 & 0 & 0 & 1 & 1 & 0 & 0 & 0 \\ 1 & 0 & 1 & 0 & 0 & 1 & 0 & 0 \\ 1 & 1 & 0 & 0 & 0 & 0 & 1 & 0 \\ 1 & 1 & 0 & 1 & 1 & 0 & 1 & 1 \end{array}\right]\begin{array}{c} ① \\ ② \\ ③ \\ ④ \\ ⑥ \\ ⑨ \\ ⑩ \\ ⑤ \end{array}$$

$$N_{32}\times N_{21}=\begin{bmatrix}0 & 0 & 1 \\ 0 & 1 & 0 \\ 1 & 0 & 0\end{bmatrix}\times\begin{bmatrix}1 \\ 1 \\ 1\end{bmatrix}=\begin{bmatrix}1 \\ 1 \\ 1\end{bmatrix}=N_{31}$$

$$N_{43}\times N_{32}=\begin{bmatrix}1 & 0 & 1\end{bmatrix}\times\begin{bmatrix}0 & 0 & 1 \\ 0 & 1 & 0 \\ 1 & 0 & 0\end{bmatrix}=\begin{bmatrix}1 & 0 & 1\end{bmatrix}=N_{42}$$

このように要素⑩をダミー挿入することにより、M'は推移律が成り立つ行列になる。その上で、M'の隣接行列以外の要素値を0にすることができる。

$$M'=\left[\begin{array}{c|ccc|ccc|c} 1 & 0 & 0 & 0 & 0 & 0 & 0 & 0 \\ \hline 1 & 1 & 0 & 0 & 0 & 0 & 0 & 0 \\ 1 & 0 & 1 & 0 & 0 & 0 & 0 & 0 \\ 1 & 0 & 0 & 1 & 0 & 0 & 0 & 0 \\ \hline 0 & 0 & 0 & 1 & 1 & 0 & 0 & 0 \\ 0 & 0 & 1 & 0 & 0 & 1 & 0 & 0 \\ 0 & 1 & 0 & 0 & 0 & 0 & 1 & 0 \\ \hline 0 & 0 & 0 & 0 & 1 & 0 & 1 & 1 \end{array}\right]\begin{array}{c} ① \\ ② \\ ③ \\ ④ \\ ⑥ \\ ⑨ \\ ⑩ \\ ⑤ \end{array}$$

（5） 階層図作成

M'を階層構造図に表す。

図は次のようになるが、辺が交差してしまい、図が見にくい状態にある。

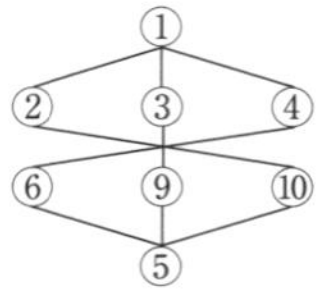

レベル 1
レベル 2
レベル 3
レベル 4

（6） 簡易重心法

簡易重心法を用いて辺の交差を減少させる。レベル２～レベル３について要素の重心を求め、重心の昇順に並べかえる。

	②	③	④		列目／本　昇順
⑥	0	0	1	→	3／1＝3…3
⑨	0	1	0	→	2／1＝2…2
⑩	1	0	0	→	1／1＝1…1

交差改善後は次のように見やすい階層構成図が自動的に表示される。

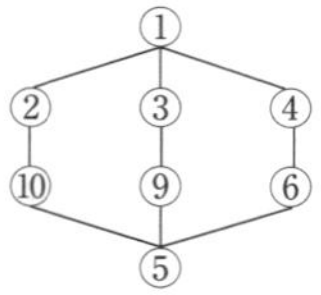

レベル 1
レベル 2
レベル 3
レベル 4

あとがき

持続可能な社会を実現するためには、ポスト近代的コミュニティの開発に取り組む必要性がある。この取り組みに際しては、当事者が多元的に推移するルーズに結合した利害関係者の解釈を包括的に捉え、可能な解の中から説明責任のもとに選択合意を図るための枠組みを必要とする。さらに当事者として関わりをモチベートするためには、自己尊重が要になるため、その養成も不可欠である。そこで、筆者はセルフスタディ（自己研究）の研究として３つの学際的テーマに取り組んできた。第１のテーマは、合意形成のための学習デザイン、第２は自己形成のための学習デザインである。これらの研究では、その対象が組織や自己という共にダイナミックなオープンシステムであり、筆者自身がオブザーバであり同時にインサイダーでなければ研究ができないため、アクションラーニングに期間を要した。

具体的に前者に関しては、大学改革の組織学習に関する臨床研究を2000年から行い、利害関係者の行動特性についての内部監察とアクションラーニングを実施した。そして組織学習ガイドライン：ソフトプロジェクトマネジメントを提唱した。一方、後者については、自己意識研究と臨床を通じて高等教育期における自我自律性の行動実験モデルを構築した。またセルフスタディは、心内と対人（認知）の調整でもあり、これを支援するためには自己や他者との対話を促進するための情報技術が有効である。そこで、第３のテーマとして意味ネットワークによる視考支援の研究を行い、システムツールを制作した。

本書では、これらの研究成果を活かした自己と関わりに関する教育開発について報告した。

教育開発の留意点として“ライブ性、関わりあい、そして自己充足性を充たす”こと、そして“学生が将来主体的に学びあいを実践するために、大学という学習環境において、事前に学習レシピに従った意味づけの実践をできるだけ多く取り入れる”こと、さらに“学習レシピという回答を出すに至るまでのアプローチについても、できるだけ意識させる”こと、等を踏まえた。

今回の教育研究を通じて得た以下の知見に関しては、さらなる議論を深めていきたいと考えている。

① 学びあいは、自己形成と組織創造の経験である。
② 学びあいは、経験的学びのリレーションである。
③ 学びあいの教育は、学習者に問題解決における観察者と当事者の役割を理解させられる。
④ 学びあいの教育は、既成観念にとらわれない新しい概念を展開する方法を身につけさせることができる。
⑤ 学びあいにおける態度、つまり省察の謙虚さと関わりに対する積極さが、結果的に自己と組織のアイデンティティを高める。

願わくは読者にはこれらを学びのバトンとして受け取っていただき、自分なりにアレンジして、生徒や同僚との学びあいに活かしていただければと思う。また仮説実験モデルに関して、本書ではソフトシステム方法論を筆者の大学院時代からの思い入れから採用しているが、これについても、改めて読者の修学に委ねたいと思う。

最後に、本書執筆のきっかけは、筆者が2008年10月に富山大学へ奉職し、翌年から「組織マネジメント論」「インストラクショナルデザイン」、そして「現代と教育」等を担当することになったことであった。すでに3年が過ぎようとしているが、試行錯誤を繰り返す過程で受講学生から学ぶことが実に多かったように思う。その意味では本書は、学びあいに参加してくれた学生の賜物である。残念ながら公刊にあたってすべての名前を出すことが難しく省かせていただいたが、まず彼らに謝意を表したい。そして、富山大学人間発達科学部の教育理念である「人に教えるヒトを育てる」を具現化すべく教育研究に従事する多くの同僚教師、中でも教師の自己実現に強い関心を寄せてくださり多くの質問と意見を賜った特任教授・吉田人史先生、「インストラクショナルデザイン」の授業改善に共同担当者としてご尽力くださった教授・山西潤一先生、学校組織経営の視点から見解を交えた准教授・笹田茂樹先生に、敬意とともに感謝の意を表したい。

そして、校正に際し読み手の立場から忌憚のない意見をいただいた旧友である加藤直孝博士、そして妻・千賀子にお礼を申し上げる次第である。

2012年3月10日

竹村　哲

参考文献

[Checkland 1981] Checkland, P. B., *Systems Thinking Systems Practice*, John Wiley, New York (1981)

[Coleman and others 1959] Coleman, J. and others, Social Processes in Physicians' Adoption of a New Drug, *Journal of Chronic Diseases*, 9: 1-19. -MS (1959)

[Espejo 1996] Espejo, R., Schumann, W., Schwaninger, M., Bilello, U., *Organizational Transformation and Learning*, John Wiley & Sons. (1996)

[Keen1975] Keen, A., *A Primer in Phenomenological Psychology*, University Press of America (1975)

[Keller 1983] Keller, J. M., Motivational design of instruction. In C. M. Reigeluth (Ed.), *Instructional-design theories and models: An overview of their current status,* Lawrence Erlbaum Associates, U. S. A. (1983)

[Laing 1966] Laing, R. D., Phillipson, H., & Lee, A. R., *Interpersonal perception: A Theory and amethod of research,* New York: Springer (1966)

[Linstone & Turoff 1975] Linstone, H. A. & Turoff, M. (ed.), *The Delphi Method*, Addition-Wesley Pub. Co. (1975)

[Maturana and Varela 1980] Maturana, H. R. and Varela, F. J., *Autopoiesis and Cognition: the Ralization of the Living*, D. Reidel: Boston; Springer (1980)

[Proctor & Loomis 1951] Proctor, C. H. & Loomis, C. P., Analysis of Sociometric data. In M. Jahoda, M. Deutsch & W. W. Cook (eds.), *Research Methods in Social Relations*, Dryden (1951)

[Rosenberg 1965] Rosenberg, M., *Society and Adolescent Self Image*, Princeton University Press (1965)

[Saaty 1980] Saaty, T. L., The *Analytic Hierarchy Process*, New York: McGraw-Hill (1980)

[Salovey 1989] Salovey, P., Mayer, D. J., Emotional Intelligence, *Imagination, Cognition and Personality*, Vol.9 No.3 (1989)

[Tversky 1972] Tversky, A., Elimination by aspects: a theory of choice, *Psychological Review*, 79, 281-299 (1972)

[Warfield 1974] Warfield, J. N., Toward interpretation of complex structural models. IEEE. SMC-4, 5, 405-417 (1974)

[アリストテレス 1959] アリストテレス，出隆（訳），形而上学〈上・下〉，岩波書店（1959）

[安藤 1980] 安藤清志，「自己の姿の表出」の段階，中村陽吉（編），「自己過程」の心理学，東京大学出版会（1980）

[板倉 1971] 板倉聖宣，科学と仮説，野火書房（1971）
[エリオット 2003] エリオット，J.，古賀正則（訳），持続可能な開発，古今出版（2003）
[大宮 1986] 大宮信光，こころとからだの科学，新潮社（1986）
[海保 1993] 海保博之，説明を授業に生かす先生，図書文化社（1993）
[カッシーラ 1997] カッシーラ，E.，宮城音弥（訳），人間，岩波書店（1997）
[金城 1990] 金城辰夫（編），現代心理学入門，培風館（1990）
[川喜田 1974] 川喜田二郎，牧島信一（編），問題解決学 -KJ 法ワークブック，講談社（1974）
[キーン 1989] キーン，E.，吉田章宏　他（訳），現象学的心理学，東京大学出版会（1989）
[久米 2005] 久米暁，ヒュームの懐疑論，岩波書店（2005）
[クラツキー 1982] クラツキー，R. L.，箱田祐司，中溝幸夫（訳），記憶のしくみ I，サイエンス社（1982）
[桑山 1983] 桑山政道，ルードヴィヒ・フォイエルバッハの哲学〈上〉—起源と運命，新地書房（1983）
[小林 2001] 小林恵智（監修），インタービジョン総合研究所（著），チームマネジメント，PHP 研究所（2001）
[ゴールマン 1996] ゴールマン，D.，EQ —心の知能指数，講談社（1996）
[篠原 2001] 篠原菊紀，僕らはみんなキレている—脳からみた現代社会論，オフィスエム（2001）
[シュッツ 1998] シュッツ，W.，斎藤彰悟（監訳），到津守男（訳），自己と組織の創造学，春秋社（1998）
[ジョンソン 1991] ジョンソン，M.，菅野盾樹　他（訳），心のなかの身体—想像力へのパラダイム転換，紀伊國屋書店（1991）
[鈴木 1995] 鈴木克明，『魅力ある教材』設計・開発の枠組みについて—ARCS 動機づけモデルを中心に—，教育メディア研究 1（1），pp.50-61（1995）
[滝浦 1990] 滝浦静雄，「自分」と「他人」をどうみるか，日本放送出版協会（1990）
[谷 2002] 谷徹，これが現象学だ，講談社（2002）
[土田 1982] 土田杏村，恒藤恭（編），土田杏村全集，日本図書センター（1982）
[土谷 1996] 土谷茂久，柔らかい組織の経営，同文館（1996）
[デューイ 2004] デューイ，J.，市村尚久（訳），経験と教育，講談社（2004）
[ドラッカー 1974] ドラッカー，P.，上田惇生（訳），マネジメント—課題・責任・実践〈上・中・下〉，ダイヤモンド社（1974）
[中村 1997] 中村雅樹，ブレンターノの倫理思想，晃洋書房（1997）
[中山 1997] 中山正和，NM 法のすべて，産業能率大学出版部（1997）
[長谷川 1999] 長谷川宏，ヘーゲル『精神現象学』入門，講談者選書メチエ（1999）
[ハーバーマス 1985] ハーバーマス，J.，河上倫逸（訳），コミュニケイション的行為の理論・上，未来社（1985）
[バウアー 1982] バウアー，T. G. R.，鯨岡峻（訳），ヒューマンディベロップメント，ミネルヴァ

書房（1982）
［パーソンズ 1974］パーソンズ，T., 佐藤勉（訳），社会体系論（現代社会学体系 14），青木書房（1974）
［パーマー 2000］パーマー，P. J., 吉永契一郎（訳），大学教師の自己改善，玉川大学出版部（2000）
［ヒューム 2010］ヒューム，D., 土岐邦夫（訳），小西嘉四郎（訳），人性論，中央公論新社（2010）
［藤岡 1998］藤岡完治　他（編著），成長する教師―教師学への誘い，金子書房（1998）
［フィヒテ 1949］フィヒテ，J. G., 木村素衛（訳），全知識学の基礎，岩波書店（1949）
［フッサール 1995］フッサール，E., 細谷恒夫他（訳），ヨーロッパ諸学の危機と超越論的現象学，中央公論社（1995）
［フロイト 1977］フロイト，F., 高橋義孝他（訳），精神分析入門〈上巻〉，新潮社（1977）
［ヘーゲル 1951］ヘーゲル，松村一人（訳），小論理学〈上・下〉，岩波書店（1951）
［ヘーゲル 1997］ヘーゲル，G. W. F., 樫山欽四郎（訳），精神現象学〈上・下〉，平凡社（1997）
［ボイヤー 1996］ボイヤー，E. L., 梅本章（訳），大学教授職の使命，玉川大学出版部（1996）
［マズロー 1987］マズロー，A. H., 小口忠彦（訳），人間性の心理学―モチベーションとパーソナリティ，産業能率大学出版部（1987）
［マーチ 1977］マーチ，J. H. &サイモン，H. A., 土屋守章（訳），オーガナイゼーションズ，ダイヤモンド社（1977）
［村田 1988］村田雅之，対人関係のコミュニケーション，オペレーションズリサーチ，33-11, 541-545（1988）
［ユング 1986］ユング，C. G., 佐藤正樹（訳），心理学的類型，人文書院（1986）
［ロジャーズ 1966］ロジャーズ，M. E., 藤竹暁（訳），技術革新の普及過程，培風館（1966）

■著者紹介

竹村　哲　（たけむら　あきら）

現職

富山大学大学院 教職実践開発研究科 教授
富山大学 人間発達科学部 教授（兼務）
附属特別支援学校 校長（併任）

最終学歴

金沢大学大学院 自然科学研究科 システム科学専攻
システム基礎理論講座 博士後期課程修了
博士（金沢大学 1993 年）

主な著書

1. *Systemic Meology-A Soft System Approach On The Method To Find One's Essence*（Kaibundo, 2009）
2. 自分らしさのシステム思考―自我自律性の仮説実験授業（ナカニシヤ出版、2007）
3. ヨコ型コミュニティ開発のための社会的アクションラーニングの方法（海文堂出版、2004）
4. コミュニケーションコンピューティング（共著、共立出版、2002）
5. 問題を科学する―システム分析と発想の視点（海文堂出版、2000）
6. 問題解決の技法―合意形成のための支援化システム考（海文堂出版、1999）

自己と関わりの創造学　第２版

―セルフスタディの教育研究―

2012 年 4 月 30 日　初　版第 1 刷発行
2016 年 4 月 10 日　第 2 版第 1 刷発行

■著　　者――竹村　哲
■発 行 者――佐藤　守
■発 行 所――株式会社 **大学教育出版**
〒 700-0953　岡山市南区西市 855-4
電話（086）244-1268　FAX（086）246-0294
■印刷製本――モリモト印刷㈱

ISBN978－4－86429－397－6